江海直达船舶技术丛书

江海直达船舶结构极限强度分析

吴卫国　刘　斌　著

科学出版社

北京

内 容 简 介

本书主要介绍江海直达船舶极限强度计算分析方法,重点介绍江海直达船舶结构特点、极限强度分析的非线性有限元法与试验方法,同时分析江海直达船舶极限强度的结构影响因素,阐述江海直达船型弯扭极限强度的衡准及评估方法。

本书着重研究江海直达船舶强度基本理论、分析、计算与设计方法,可作为高等院校船舶与海洋结构物设计制造专业的教学用书,也可供船舶研究、设计和工程技术人员参考。

图书在版编目(CIP)数据

江海直达船舶结构极限强度分析 / 吴卫国,刘斌著. -- 北京:科学出版社,2025. 1. -- (江海直达船舶技术丛书). -- ISBN 978-7-03-079509-0

Ⅰ. U674.1

中国国家版本馆 CIP 数据核字第 2024EB9936 号

责任编辑:张艳芬 徐京瑶 / 责任校对:崔向琳
责任印制:师艳茹 / 封面设计:无极书装

科学出版社 出版
北京东黄城根北街 16 号
邮政编码:100717
http://www.sciencep.com

北京中石油彩色印刷有限责任公司印刷
科学出版社发行 各地新华书店经销
*
2025 年 1 月第 一 版 开本:720×1000 1/16
2025 年 1 月第一次印刷 印张:9 3/4
字数:197 000
定价:**110.00 元**
(如有印装质量问题,我社负责调换)

"江海直达船舶技术丛书"序

长江经济带沿线九省二市 GDP 总量占全国的 46%，其中超过十分之一来自长江航运业。江海直达运输线承载着产业从东部沿海向中西部战略转移的货物运输重任，是推动长江经济带发展的关键环节。当前的江海直达船舶呈百舸争流之态，但是缺乏统一技术规范和节能环保标准已成为制约黄金水道效能发挥、长江航运业高质量发展的瓶颈。

受到长江天然航道对船舶的船长、吃水的限制，以及桥梁净空高的限制，为提高载货量，获取更好的经济效益，往往需要将船舶设计成宽扁型。江海直达船舶既航行于江段又航行于海段，因此必须同时满足江段灵活操纵性和海段可靠耐波性的要求。长江航道自然条件的限制对江海直达船的推进系统和操纵性提出了更高的要求。特殊的船型使其海段航行时易产生砰击和波激振动，同时还要满足屈服强度、极限强度、疲劳强度要求，这使得江海直达船的设计存在诸多挑战。目前缺乏合适的江海直达船舶设计理论及方法、结构强度安全可靠分析方法，以及设计指南、技术规范等，制约着江海直达船的推广及应用。

"江海直达船舶技术丛书"以国家重要科研项目成果为基础，围绕江海直达船型论证、高效低阻船型、高效推进系统与附体节能、适航性、振动与噪声、极限强度、砰击强度、疲劳强度等结构安全可靠性、节能环保技术等关键科学问题与技术问题，努力打造江海直达船舶技术领域的开拓之作，推动我国江海直达船舶技术研究与产业化发展。

希望本套丛书的出版能够填补江海直达船舶技术领域的空白，为江海直达船舶技术的发展、创新和突破带来一些启迪和帮助。同时，欢迎广大读者提出好的建议，促进和完善丛书的出版工作。

前　　言

随着国家大力发展干支直达、江海联运、顶推船队和集装箱运输，加快内河港口建设和技术改造步伐，推动内河港口产业升级，大规模整修高等级航道网，发展江海直达航线等，江海直达运输迎来又一轮的高速发展。以上海为龙头的长江三角洲及沿线地区经济高速发展，中西部地区与沿海地区的物资、人员交流日益频繁，对外进出口贸易逐年增长。江海直达航线一直被业界人士称为"黄金航线"，这种"门"到"门"的一站直达式运输方式，打破了传统运输方式运营成本高、周期长，货物中途损耗的桎梏，为水上高速运输通道的建立增添了新的生命力。

江海直达船需要跨江海航行，既能在内河航道中具有良好的操纵性和通航性，又能在海上航道中具有良好的航向稳定性和耐波性，同时还要有较强的载货能力，从而提高经济效益，因此目前江海直达船舶普遍采用超浅吃水肥大的船型。但是，这种宽而扁的船型对结构的刚度和强度都非常不利，因此其结构的极限强度问题成为研究热点。船舶结构极限强度是船舶结构抵抗极限破坏的能力，是衡量船舶最大承载能力最真实的评估方式。在结构设计中，一般采用许用应力校核法对船体进行总纵弯曲强度和扭转强度的校核。

在工信部高技术船舶科研项目"江海直达多用途船换代开发"、"江海直达节能环保集装箱船示范船开发"等项目的支持下，我们在江海直达船舶结构极限强度计算分析领域取得一系列研究成果。本书旨在向读者介绍江海直达船舶结构特点、极限强度分析方法与结构影响因素、弯扭极限强度的衡准及评估方法，为船舶教学、科研、设计和工程技术等领域的专业人员提供参考。

全书共分为5章，第1章回顾江海直达船舶的特点及其发展，并对此类船舶的极限强度问题以及研究方法进行阐述。第2章和第3章分别介绍非线性有限元法与模型试验法对江海直达船舶极限强度的应用与研究。第4章探讨结构尺寸对江海直达船舶极限强度的影响，并进行分析。第5章提出江海直达船型弯扭极限强度的衡准及评估方法。全书理论分析扎实，内容介绍详细，应用实例列举丰富，汇集了江海直达船舶极限强度及其相关领域众多科研成果和教学经验。

限于作者水平，书中难免存在不妥之处，恳请读者批评指正。

目　　录

第1章 绪 论

1.1 江海直达船舶的特点及其发展

近年来，随着长江三角洲地区，以及沿线地区经济的发展，中西部地区与沿海地区的物资、人员交流日益频繁，对外进出口贸易逐年增加。传统的江海运输方式受中转港装载能力、泊位、仓库面积等的制约，具有运营成本高、货运周期长、货物中途损耗和中转费用高等缺点。而"门"到"门"的一站直达式江海直达运输方式可以减少中间环节，消除货物损耗，大大提高运输效率，大幅度降低运输成本，为水上高速运输通道的建立增添新的生命力。江海直达运输方式中转周期短、运营成本低、货物损耗少，受到航运部门和企业的重视，在我国逐步发展。

江海直达船在我国起步较晚。20 世纪 50 年代，一些专家论证和探讨了江海直达运输方式的合理性；70 年代初，我国批量建造了航行于长江中游的长岭至大连等航线的 5000t 级原油运输船；70 年代中期，5000t 级海船自秦皇岛直达武汉的煤炭运输获得成功；80 年代中后期，福建和浙江建成千吨级的江海直达多用途船；90 年代，1500t 级超浅吃水多用途江海直达船航行于黑龙江水系与日本之间。之后，我国江海直达运输方式得到跨越式发展。进入 21 世纪，长江航运集团将现有的 3000t 内河货驳船和 1942kW 内河推轮船改造成江海直达顶推船队，取得了重大成功。

江海直达船在国外起步较早。在第二次世界大战之后，欧洲各国航运界一直致力于追求远洋-沿海-内河直达运输。这种运输方式可以有效避免货物在港口中转，加快货物周转速度，减少货物损失，降低运输成本，因此欧洲各国的江海直达船舶得到快速发展。20 世纪 20 年代，现代江海直达运输方式的雏形就出现了，性能较好的内河船或小型海船航行于伦敦与巴黎、伦敦与布鲁塞尔、布达佩斯与亚历山大等各港之间。20 世纪 50 年代，苏联"别罗夫工程师"型多用途江海两用船获得成功。1972 年，苏联批量建造 2000t 级"雅库茨克"系列集散两用的多用途船。之后，德国、荷兰、比利时等国均开发了江海直达两用船。江海直达船得到快速发展。

1.2　江海直达船舶结构极限强度问题

对于一般的船舶而言，船体梁总纵强度是保证船舶结构安全性最基本和最重要的结构强度。然而，江海直达船舶具有大开口甲板，此类结构会极大地削弱船舶的扭转刚度。在外载荷的作用下，船舶极易造成较大的扭转变形，引起较大的剪切应力，所以大开口船舶的扭转强度已经上升到与总纵强度同等重要的地位。

目前，在大多数船级社的规范中，大开口船舶的强度校核主要还是基于线弹性理论，以许用应力作为评估标准在各种组合工况下对船舶的结构强度直接进行分析。这种方法虽然能够有效地评估船体强度，但是不能确切的对船体极限强度进行评估，得出船体真实的安全余量。随着对船体破坏机理不断深入地研究和认识，船体结构极限强度研究有了很大的进展。早在 20 世纪 50 年代末，Vasta 就提出极限承载能力的概念。在船舶工程中，用基于极限承载能力的设计方法取代传统的基于线弹性理论的设计方法已成为一种趋势。《散货船共同结构规范》和《双壳油船共同结构规范》已对船体梁极限强度的计算有了较为明确的规定。

目前，船体梁极限强度问题多半围绕着船舶总纵极限强度。船体梁总纵极限强度问题已得到了广泛的研究。Smith[1]于 1977 年提出船体梁平断面假设，在计算船体梁总纵极限强度时，运用船体纵向构件逐步破坏的增量曲率法，充分考虑构件的后屈曲效应，提出船体梁横剖面单元的应力-应变关系。Nishihara[2]对一系列典型钢质箱形梁进行了总纵弯曲试验和计算，并研究了不同缩尺比下的极限承载力关系。Nishihara 通过对一系列钢质箱形梁的计算，预报了船体梁的极限承载能力，并提出如何提高有限元分析的精度。贺双元[3]通过大型通用有限元程序MARC 预报船体梁极限承载能力，并与试验值作比较，提出一些较为合理的建议。

对一般船舶而言，垂向弯矩是最主要的船体梁载荷，因此我们仅预估在其作用下的总纵极限承载能力。然而，大开口船舶会大大地削弱船舶的扭转刚度，所以总纵强度和扭转强度均不易满足。校核船体梁在弯矩和扭矩联合作用下的极限强度就变得非常重要。Kim 等[4]研究了矩形截面梁的弯曲、剪切和扭转极限强度，讨论了这些载荷对极限强度的相互影响，并归纳出极限强度的计算公式。Sun 等[5]于 2001 年对一条大开口船舶船体梁进行扭转极限强度的试验研究，分析了边界条件、初始变形、焊接残余应力对扭转极限强度的影响。师桂杰等[6]于 2010 年以一条集装箱船为研究对象，利用非线性有限元法，计算模型与实船的纯弯曲、纯扭转和弯扭组合载荷作用下的船体极限强度，并利用相似模型推算实船的弯扭极限强度。从目前公布的文献来看，世界上对江海直达船舶极限强度的研究还属于一片空白，对江海直达船舶的极限强度研究有利于我国更好地在极限强度研究领域抢占先机。

1.3 船舶结构极限强度研究方法概述

计算船舶结构极限强度时需要考虑几何非线性和材料非线性，其中几何非线性是由结构屈曲和大变形引起的，材料非线性是由材料进入塑性阶段引起的。分析船舶结构极限强度涉及的主要因素包括几何因素；材料因素；初始缺陷；温度；动力学因素，如砰击、爆炸、搁浅、碰撞等产生的冲击载荷；结构老化，如腐蚀、疲劳裂纹；人为因素，如船舶的不当操纵、船舶的航向角、船舶的装载工况等。

研究船舶结构极限强度主要包括试验研究和理论研究。理论研究又分为直接计算法、理想结构单元法(idealized structural unit method，ISUM)、逐步破坏法、非线性有限元法。

1.3.1 直接计算法

直接计算法作为计算船体极限强度的一种方法，具有简单方便的特点。船体极限强度直接计算法可分为经验公式法、线弹性法和解析法三种。其中采用经验公式计算常规船型一般可以得到较为合理的结果。但是，经验公式是由原先存在的有限数据导出的，所以用经验公式计算新船型时要慎重。线弹性法较为简单，但计算精度不好，因为船体边缘受压屈曲后不再是线性，中和轴的位置也将改变。解析法考虑拉伸边缘屈服、压缩边缘屈曲，假设船体剖面在极限状态下的应力分布，通过理论分析计算得到船体极限强度。解析法适合在设计和可靠性分析中采用，只要剖面应力分布合理，就可以得到准确的结果。

1965 年，Caldwell[7]基于假定船体梁剖面在极限状态时的应力分布，用理论方法估算船体梁在总纵弯曲作用下的极限强度。Faulkner[8]在 Caldwell 计算方法的基础上，考虑屈曲强度的折减系数。Mansour 等[9]采用有效剖面模数的方法，分别计算受压屈曲和受拉屈服条件下的船体梁极限强度。Paik 等[10]在 Mansour 的基础上，提出船体极限强度的理论计算公式。然而，直接计算法需要研究者具有较为深厚的理论水平和分析能力，假定船体梁理想受力，如果船型不同就需要进行不同的理论分析，而且计算精度有待提高，所以直接计算法并不适合推广为工程计算的有效方法。

1.3.2 理想结构单元法

Ueda 等[11]于 1975 年提出一种利用大尺寸的理想结构单元计算分析船体极限强度的方法。1984 年，Ueda 将此方法命名为 ISUM。ISUM 采用大型理想结构单元模拟复杂系统的变形和破坏。由于其减少了节点的数量，简化了节点的自由度，可以节省建模时间，降低计算时间，因此是对非线性问题的一种有效的处理方式。

Bai 等[12]基于 Ueda 的塑性节点法理论体系，开发了计算船体结构极限强度的 SANDY 计算程序。Paik[13]基于 Ueda 的这一理论，开发了用于计算大型结构极限强度的程序 ALPS/ISUM，在该程序中给出三类理想单元，用于分析各类结构的极限强度。此后，ISUM 被人们重视。船体发生碰撞、搁浅时，结构单元可能出现褶皱或拉伸断裂，为了模拟船舶的这些突发状况，Park 等[14]于 1996 年在原来的 Ueda 单元中引入拉伸断裂应变和压缩皱褶强度，用于分析船舶结构碰撞。Fujikubo 等[15]为了提高计算双层底船体极限强度的准确性，在已有的理想结构单元中考虑腹板屈曲影响。Kaeding[16]和 Fujikubo[17]提出新的理想单元类型。由于 ISUM 的单元过于简化，难以精确模拟结构的实际受力情况，所以计算精度往往不高，需要开发更为合理的理想结构单元。

1.3.3　逐步破坏法

1977 年，Smith[1]基于先前关于结构失效问题的研究成果，认为船体的结构破坏是个逐步渐进的过程，提出逐步破坏法，也叫 Smith 方法。逐步破坏法首先将船体划分为板格或"硬角"为单元的离散化计算模型，通过弹塑性大变形非线性有限元分析法确定单元的平均应力-应变曲线。假定船体剖面围绕瞬时中性轴转动，并且船体端部保持平面。然后，通过人为加载的方式分布加载，计算每一增量步中所有单元的应变、应力，根据应力的分布状况，迭代确定瞬时中性轴的位置，使所有单元上的应力达到平衡状态。确定中性轴位置之后，将应力在船体剖面积分得到剖面弯矩，从而确定整个船体剖面的弯矩-曲率曲线，进而确定船体的极限强度。Smith 方法的精度在很大程度上取决于单元的平均应力-应变关系的计算准确度，应用非线性有限元，对板和加筋板的系列弹塑性大变形响应分析，推导单元的平均应力-应变相互关系。

1996 年，Hughes 等[18]提出将箱型梁等船体结构离散成加筋板单元，然后估算其极限承载力的方法。Dow 等[19]认为船体抗弯刚度即弯矩-曲率曲线的斜率。20 世纪 90 年代，Gordo 等[20]结合增量曲率法，考虑腐蚀、残余应力和高强度钢的影响计算船体极限强度，并对一系列油船和集装箱船在组合的垂向和水平弯矩作用下的极限强度进行计算。Yao[21]采用理论分析的方法推导板和梁单元的应力-应变关系，但是没有考虑板梁之间的相互影响。何福志等[22]采用理论的方法建立拉伸和压缩加筋板单元的应力-应变关系曲线，开发了总纵极限强度逐步破坏的简化分析方法，并编制程序。胡毓仁等[23]和张剑波等[24]也对船体结构单元的应力-应变关系做过许多研究。由于采用逐步破坏法计算船体梁总纵极限强度，结果受加筋板单元的应力、应变特性影响，因此需要研究加筋板拉伸、压缩行为，以及压缩失稳的后屈曲行为。

逐步破坏法是在平断面假设的基础上提出来的，只适用于求解船体梁的弯曲极限强度，并不适用于求解弯曲以外的加载工况，也无法分析整船的破坏和响应。

1.3.4 非线性有限元法

由于计算机技术发展迅猛，以及大型通用计算机程序的开发应用，非线性有限元法应运而生。考虑几何非线性和材料非线性的影响，对船体结构进行有限元分析，可以得到结构破坏的全过程[25]。

20 世纪 80 年代中期，Chen 等[26]首先提出一种计算船体极限强度的有限元法。这种方法适合各种结构模型和加载类型。基于有限元分析方法，他们开发了有限元分析软件 USAS 和 FENCOL。Valsgard 等[27]应用 FENCOL 程序分析某试验模型，以及某实船结构的总纵极限强度。随着计算机技术的发展，以及非线性有限元的逐步成熟，许多大型通用有限元程序，如 ABAQUS、MARC、NASTRAN、ANSYS 等已普遍用于船舶极限承载能力的分析。Hansen[28]于 1996 年应用 MARC 有限元软件，计算 Nishahara 方形船体梁模型在中垂状态下的总纵极限承载能力，并考虑残余应力和初始挠度的影响。1998 年，Yao 等[29]采用 LS-DYNA 程序模拟 Nakhodka 事故，通过增量形式的弹塑性大变形有限元分析，追踪该船逐步崩溃的过程。Boote 等[30]应用 ANSYS 有限元软件，分析船长在 50~125m 之间快艇的总纵极限强度。贺双元等[31]介绍了 MARC 中两种计算极限强度的方法，并分别用这两种方法进行计算。

非线性有限元法日臻成熟，目前一些大型通用有限元程序可供各类工程问题使用。非线性有限元法经过多年的发展，只要选取合理的计算参数和受力条件，用非线性有限元软件就能较为精确地计算出船体极限承载能力[32-34]。

1.3.5 试验法

试验法是建造按照实船尺寸或缩小比例的模型，然后在模型上施加载荷，获得想要的结构变形，以及应力等的试验方法。根据船体梁模型极限承载能力的试验结果可验证船体总纵极限强度结果是否可靠[35]。船体极限强度的理论研究需要极限强度试验的验证，而船体极限强度试验也需要极限强度理论研究做指导。

船体发生崩溃事故时，一般外部载荷是已知，此时船体崩溃也可认为是实船极限强度试验。因为模型计算费用低、操作简单、容易控制试验参数，可以直观地观察模型失效的完整过程，所以极限强度试验大多在缩尺比模型上进行[36,37]。

此外，还有一些极限强度试验是在箱型梁上进行的，虽然箱型梁不是完全按照现有船舶而设计的比例模型，但还是对船体梁极限强度研究提供了许多有用的数据资料。模型结构试验方法能够直接测试出模型结构的极限承载力，得出其破坏模式，但是由于模型结构与实型结构的极限载荷的非线性影响，模型结构试验法并不能直接得出实型结构的极限强度。研究者往往将模型结构试验法与其他方法相结合，综合分析估算实型结构的极限强度[38-40]。

第 2 章　江海直达船舶结构极限强度分析的非线性有限元法

2.1　非线性有限元法原理

2.1.1　概述

随着现代力学、计算力学，以及计算机技术在软硬件方面的发展，有限元分析无论是在理论方面，还是在计算技术方面都取得巨大的进步。很多通用有限元程序和专用程序都投入了实际应用，对结构进行有限元分析所需的费用也迅速减少。当今国际上流行的有限元软件有 MSC.PATRAN/NASTRAN、ANSYS、ABAQUS、MARC 等，它们提供了友好的用户界面、强大的计算分析和前后处理功能，并为多种图形软件提供了接口，如 UGI-DEAS、CATIA、Pro/E、Solidworks 等。以前只能由行业专家进行的有限元分析，已经越来越多地被大多数工程技术人员运用。当前，结构有限元分析法及其程序已经成为工程涉及的标准化工具。有限元法已经被广泛应用于航空、航天、汽车、船舶、水利、医学和生物等现代科学的各个领域。在船舶工业领域，有限元技术被广泛应用于结构设计、可靠性分析，以及船舶结构强度评估等方面。

有限元作为一种数值计算方法，不可避免地会带来一定的误差。因此，如何评估有限元模型及其解的精准性，在给定的误差范围内进行模型简化，选择好的求解策略等，一直是工程界十分关心的重要问题。

由于船舶结构本身，以及外部载荷的复杂性，准确预报结构强度一直是一项非常困难的任务。有限元法的出现使传统的船舶结构力学发生根本变革。过去手算方法不能解决的问题用有限元法可迎刃而解，并能进行整体结构分析，从而改变传统分析中将总强度与局部强度分开独立进行计算的概念。

目前，在船舶与海洋工程结构分析中，有限元法应用广泛，由最初简单的杆系结构、板的平面与弯曲问题发展到空间组合结构、立体舱段和整船分析。20 世纪 60 年代中期以前，人们主要采用手工计算的方法确定结构内部应力。20 世纪 60 年代中期以后，随着计算机和有限元法的发展，计算技术进入迅速发展的阶段，有限元法在当时已经成为船体结构强度设计中广为流行的一种数值方法。

　　在我国造船界，有限元技术的发展始于 20 世纪 70 年代。经过近 20 年时间的发展，一些中小型专用程序被广泛用于船舶结构分析中，成为国内船舶结构强度计算的实践基础。典型的如中国船舶科学研究中心开发研制的 CSSRCSAP 程序[41]、基于塑性节点法[42]开发的非线性有限元程序等，为船舶直接计算提供了有限元分析手段。由于我国大型综合性分析系统研制工作起步较晚，目前尚未形成具有国际竞争力的规模性软件。在船舶工业研究领域，除了各大船级社推出的各自集成的设计计算系统(如 SHIPRIGHT、SAFEHULL 等)外，目前国内主要采用的有限元分析软件大都是引进的大型通用有限元结构分析软件。这些程序已被广泛应用于船舶结构分析的各个领域，并取得一定的成绩。

　　有限元法作为解决固体结构力学问题的一种有效方法起源于20 世纪50 年代。经过几十年的发展，有限元法已经成为一种普及程度最高的结构强度分析方法。从数学角度看，有限单元法的基本思想是采用离散化手段，将偏微分方程或变分方程转换为线性方程进行求解。从力学角度看，有限单元法的基本思想是采用离散化手段，运用单元的力学特性，把一个复杂的连续体离散成有限单元的组合结构[43]。随着工程结构技术，以及材料科学技术的发展，在工程领域出现大量新型材料，如钢筋混凝土结构、合成橡胶等，其中很多材料的本构关系无法用线性关系来描述。此外，工程领域也出现大量柔性构件和结构大变形等问题，使几何非线性的问题越来越受到广大学者的关注。在这样的背景下，研究结构非线性问题的非线性有限元法获得了快速发展。

　　目前，非线性有限元法在船舶与海洋工程结构强度分析领域已经得到广泛的应用。采用非线性有限元法进行结构极限强度分析，能够有效减少各种非线性因素的影响。在非线性有限元法使用过程中，可以通过建立有限元模型精确的对船舶局部结构的真实空间位置和形状进行模拟[44]。在建立有限元模型的基础上，通过设置合理的边界条件，并施加与实际情况相同的载荷工况，可以比较精确地获取船体结构的应力应变分布，以及极限强度大小。与其他计算船体结构极限强度的分析方法相比，非线性有限元法具有操作更简单，应用范围更广，计算精度更高的优势。因此，基于非线性有限元法的船体极限强度分析研究方法取得快速发展，很多学者和大型软件公司都编制了相应的非线性有限元计算程序。目前的非线性有限元计算程序主要有两大类，即自制有限元程序和通用有限元程序。自制有限元程序主要包括中国舰船研究设计中心自主研制开发的 CSR-DSA 程序、基于塑性节点法开发的有限元软件等。通用有限元程序主要包括 MSC/NASTRAN、ANSYS、ABAQUS、MARC、ADINA、ALGOR 等[45]。相比于自制有限元程序，通用有限元程序的优势在于可以实现可视化操作，建模和计算都更为方便，目前已经成为船舶与海洋工程研究领域必不可少的研究手段。

2.1.2　有限元法的非线性问题

在工程结构分析中，为了简化分析过程，通常将要解决的问题看作线性问题求解。其主要理论为线弹性理论。在有限元分析中，基于线弹性理论进行求解主要利用以下三个假设：假设材料是线弹性的，即应力-应变关系为线性；假设位移为无穷小量，即应变-位移关系为线性；假设边界条件独立或线性依赖变形状态。

但实际工程问题涉及的很多问题(如塑性材料，结构大变形等)并不满足上述假设，无法采用线弹性理论进行求解。它们已经超越了线弹性理论的范畴，属于非线性问题。非线性问题不同于线弹性问题，其求解过程更加复杂，而且具有不可预知性，主要表现在以下几个方面，即非线性问题求解的方程为非线性方程，直接求解很困难，通常需要反复迭代计算进行求解；叠加原理不适用于求解非线性问题；非线性问题并不一定存在唯一解，甚至可能出现无解的情况。

1. 材料非线性

材料非线性是由应力-应变非线性关系引起的。这些非线性关系不能单靠数学推导得到，而是要以试验数据为基础。在工程实际中，较为重要的材料非线性问题有塑性、黏塑性、蠕变、黏弹性、非线性弹性等[46]。有限元通用程序中已有的描述非线性材料的部分数学模型包括塑性、蠕变、非线性弹性等。

人们常说的材料非线性分析一般指的是弹塑性分析，在极限强度分析中使用的材料多为弹塑性材料。对大多数材料(如金属)而言，当应力低于比例极限时，应力-应变关系是线性的。由于屈服强度和比例极限相差很小，因此可以近似地将屈服强度和比例极限强度等同起来。一般认为，在应力低于屈服强度时，材料表现出弹性行为，卸载后应变也完全消失，结构的弹性行为可应用弹性力学知识进行分析。当材料中的应力超过屈服强度时，应力-应变关系表现为非线性，此时发生塑性应变。塑性时材料在一定载荷下产生永久变形的属性，这时即使完全卸载仍会有残余应变。材料关系曲线如图 2-1 所示。

在应力-应变关系曲线中，低于屈服强度的部分称为弹性部分；超过屈服强度的部分称为塑性部分。塑性分析必须考虑材料在塑性区域的特性。当材料处于塑性状态时，须采用塑性力学对问题进行求解。弹塑性是最常见，被研究的最透彻的材料非线性行为。采用屈服面、塑性势和流动定律的弹塑性力学模型，在 20 世纪初就已经建立起来。这些理论已经在金属和泥土塑性领域得到成功的应用，并编成数值计算程序形成数值分析工具，弹塑性有限元法已经获得广泛的应用。

描述超出线弹性范围材料行为的塑性理论由三个重要概念组成。首先是屈服准则，它确定一个给定的应力状态是在弹性范围，还是发生塑性流动。其次是流

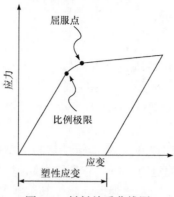

图 2-1　材料关系曲线图

动定律，描述塑性应变张量增量与当前应力状态的关系，并以此形成弹塑性本构关系表达式。最后是硬化定律，确定随着变形的发展屈服准则的变化。

1) 屈服准则

一个通用的屈服准则是 von Mises 准则。von Mises 准则是一种除了土壤和脆性材料外，对金属广泛适应的准则。

许多材料试验表明，通用屈服准则可表示为偏应力张量 S_{ij} 不变量的函数。偏应力张量的 3 个不变量为

$$J_1 = S_{ij} = S_{xx} + S_{yy} + S_{zz} = 0 \tag{2.1}$$

$$\begin{aligned} J_2 &= \frac{1}{2} S_{ij} S_{ij} \\ &= \frac{1}{6} \left[\left(\sigma_{xx} - \sigma_{yy} \right)^2 + \left(\sigma_{yy} - \sigma_{zz} \right)^2 + \left(\sigma_{zz} - \sigma_{xx} \right)^2 \right] + \sigma_{xy}^2 + \sigma_{yz}^2 + \sigma_{zx}^2 \end{aligned} \tag{2.2}$$

$$J_3 = \frac{1}{3} S_{ij} S_{jk} S_{ki} \tag{2.3}$$

一般应力状态下的等效可以写为

$$\sigma_{eq} = \sqrt{3J_2} = \sqrt{\frac{3 S_{ij} S_{ij}}{2}} \tag{2.4}$$

因为 J_1 为零，忽略 J_3 对屈服函数的影响，标准的 von Mises 屈服准则可表示为

$$F(J_2) = \sigma_{eq} - \sigma_y = \sqrt{\frac{3 S_{ij} S_{ij}}{2}} - \sigma_y = 0 \tag{2.5}$$

有限元程序提供的屈服准则除了 von Mises 准则，还有 Mohr-Coulomb 和 Drucker Prager 等准则。

2) 流动准则

为提出流动准则可采用下列表达式代表塑性势，即

$$g\left(\sigma_{ij}, \varepsilon_{ij}^{p}, k\right) = 0 \tag{2.6}$$

其中，σ_{ij} 为总应力；ε_{ij}^{p} 为总塑性应变；k 为硬化参数。

塑性势的微分可以写为

$$\mathrm{d}g = \frac{\partial g}{\partial \sigma_{ij}} \mathrm{d}\sigma_{ij} + \frac{\partial g}{\partial \varepsilon_{ij}^{p}} \mathrm{d}\varepsilon_{ij}^{p} + \frac{\partial g}{\partial k} \mathrm{d}k \tag{2.7}$$

通常假设在一个增量步中 ε_{ij}^{p} 和 k 为常数，因此塑性势的微分形式可以写为

$$\mathrm{d}g = \frac{\partial g}{\partial \sigma_{ij}} \mathrm{d}\sigma_{ij} \tag{2.8}$$

如果 $\mathrm{d}g < 0$，此时是指向屈服表面的纯弹性变化。$\mathrm{d}g = 0$ 可解释为中性加载，此时塑性流动 $\mathrm{d}\sigma_{ij}$ 将与式(2.6)所示的应力空间表面相切，指向表面外侧。

Drucker 的材料稳定性假设表明，在引起塑性流动的加载循环中，净功必须大于零。此时，有

$$\mathrm{d}g = \frac{\partial g}{\partial \sigma_{ij}} \mathrm{d}\sigma_{ij} > 0 \tag{2.9}$$

由于塑性耗散功是总功中不可逆的部分，因此

$$\mathrm{d}\varepsilon_{ij}^{p} \mathrm{d}\sigma_{ij} \geqslant 0 \tag{2.10}$$

比较式(2.9)和式(2.10)，可以得出塑性应变增量，即

$$\mathrm{d}\varepsilon_{ij}^{p} = \lambda \frac{\partial g}{\partial \sigma_{ij}} \tag{2.11}$$

式(2.11)将塑性应变增量与应力表面梯度相连，这就是通常所说的关联流动准则。

3) 硬化定律

已有的硬化定律主要用于模拟带有反向屈服循环加载的不同影响。通用有限元程序提供的硬化定律主要包括各向同性硬化、运动硬化，以及混合硬化等。这里主要介绍各向同性硬化。

各向同性工作硬化定律假设屈服面中心保持不动，但是屈服面大小(半径)随着工作硬化扩大。von Mises 表面的变化如图 2-2(b)所示。试样加载和卸载的加载路径可以帮助描述各向同性工作硬化定律。试样先从无应力状态(点 0)加载到点 1 初始屈服，如图 2-2(a)所示。然后，加载到点 2，从点 2 卸载到点 3，服从弹性斜率 E(弹性模量)，从点 3 重新弹性加载到点 2。最后，试样次从点 2 塑性加载到点

4 和弹性卸载从点 4 到点 5(后继屈服点)。在点 5 和点 6 发生反向塑性加载。很明显,点 1 处的应力等于初始屈服及应力 σ_y,因为工作硬化点 2 和点 4 的应力比 σ_y 高。在卸载过程中,应力保持为弹性状态。各向同性工作硬化定律指出反向屈服发生在反方向的当前应力水平。如果点 4 的应力水平为 σ_y^1,则反向屈服只能发生在应力水平为 $-\sigma_y^1$ 时的点 5。

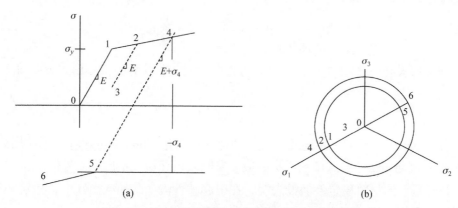

图 2-2　各向同性硬化定律的加载路径和屈服曲面

　　在程序中定义非线性材料的特性时,除了指定屈服准则和硬化模型外,还需要指定硬化曲线(应力与塑性应变关系曲线)。由于金属特别是钢材的屈服阶段很长,因此一般可以假定应力与塑性应变关系曲线为一直线(图 2-3),即假定材料为理想弹塑性材料。

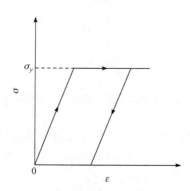

图 2-3　理想弹塑性曲线

2. 几何非线性

　　当物体内产生的位移远远小于物体自身的几何尺度,即应变远小于 1 时,可按一阶无穷小线性应变度量物体的实际应变。这是按线性化处理小变形问题的常用方法。在此前提下，建立物体力平衡方程时可以不考虑物体变形前后位置和形状的差异，直接将力平衡方程建立在变形前的位形上，大大简化实际问题。

然而，也有很多不符合小变形假设的实际问题。概括起来有两类。第一类是大位移或大转动问题。例如，板、壳等薄壁结构在一定载荷作用下，尽管应变很小，甚至没有超过弹性极限，但是位移较大，材料线元素有较大的转动。这时必须考虑变形对平衡的影响，即平衡条件应建立在变形后的位形上，同时应变表达式也应该包括位移的二次项。这样，平衡方程和几何关系都是线性的。这种由大位移和大转动引起的非线性问题称为几何非线性问题。与材料的非线性问题一样，几何非线性问题在结构分析中具有重要意义。例如，在平板的大挠度理论中，考虑中面内薄膜力的影响，可使按小挠度理论分析得到的挠度有很大程度的缩减。又如，在薄壳的后屈曲问题中，载荷到达一定的数值以后，挠度和线性理论的预测值相比，将快速地增加。

第二类是大应变或有限应变问题。例如，金属成型过程中的有限塑性变形、弹性体材料受载荷作用下可能出现的较大非线性弹性应变，是实际中的另一类大应变几何非线性问题。处理这类大应变问题时，除了采用非线性的平衡方程和几何关系以外，还需要引入相应的应力-应变关系，尽管对于后一问题材料通常还处于弹性状态。当然很多大应变问题是和材料的非线性联系在一起的。

在涉及几何非线性问题的有限单元法中，通常采用增量分析方法。根据参考坐标系的不同，增量有限元可以采用两种不同的表达格式，即总体 Lagrange 格式和更新 Lagrange 格式。

在有限元分析软件中，同时包括这两种增量有限元格式，使用时可以根据分析问题及材料本构关系的具体特点和形式选择最有效的格式。

几何非线性分析中最典型的是屈曲分析。屈曲和稳定性分析考察结构的极限承载能力，研究结构总体或局部的稳定性，求解结构失稳形态和失稳路径。有限元软件对屈曲、失稳问题的分析方法大致有两类。一类是通过特征值分析计算屈曲载荷，根据是否考虑非线性因素的影响，这类方法又细分成线性屈曲和非线性屈曲。另一类是利用结合 Newton-Raphson(NR)迭代的弧长法确定加载方向，追踪失稳路径的增量非线性分析方法，能有效地分析高度非线性屈曲和失稳问题。

特征值屈曲分析是一种简便地稳定性分析方法，可以获得平衡路径地分叉点。但是，仅有特征值地屈曲分析是不够的。实际上，结构屈曲失稳往往涉及几何非线性、材料非线性，甚至接触非线性。另外，初始结构的不完整性(几何缺陷)对屈曲载荷的影响也十分显著。分析时，必需引入这些影响因素才能获得合理的结果。

2.1.3　非线性问题的分析方法——弧长控制的增量迭代法

非线性问题求解的中心思想是将载荷分成一系列载荷增量，在几个载荷步内或者在一个载荷步的几个子步内施加载荷增量。针对每个增量的求解完成后，在求解下一个载荷增量之前，程序调整刚度矩阵，反映结构刚度的非线性变化。这种纯粹的增量近似不可避免地随着每一个载荷增量积累误差，导致结果最终失去平衡(图 2-4)。

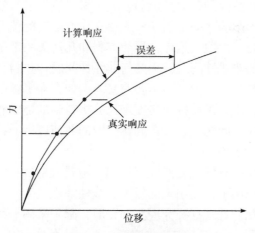

图 2-4　纯粹增量式解

有限元程序通过使用 NR 法可克服这种困难，它迫使每一个载荷增量的末端解达到平衡收敛。NR 法如图 2-5 所示。在每次求解前使用 NR 法估算出残差矢量，这个矢量就是回复力(对应于单元应力的载荷)和所加载荷的差值，然后使用非平衡迭代求解并核查收敛性。如果不满足收敛准则，则重新估算非平衡载荷，修改刚度矩阵，获得新解。持续这种迭代过程直到问题收敛。

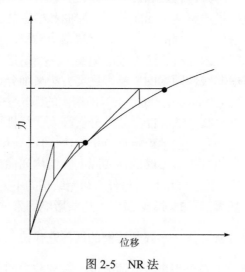

图 2-5　NR 法

　　结构在外载荷作用下的破坏是一个渐进的过程，要正确描述这个过程，必须有一种切实有效的算法来模拟船体结构穿越平衡点的行为。如果仅使用 NR 法，正切刚度矩阵可能变为奇异矩阵，导致严重的收敛问题。近年来，国内外学者对非线性结构问题的数值解法做了大量的研究。修正 NR 法的出现为有限元计算精度提供了保障。但是，对求解结构极限强度而言，这种方法仍很难找到极限点。Qing 等[47]发展了假想弹簧法来保证后极限强度区域结构刚度矩阵的正定，并成功应用于桁架结构的分析。Bergan[48]提出当前刚度参数法，抑制临界区域的平衡迭代进而穿越极限点。Batoz 等[49]提出位移控制法，通过施加已知位移变化过程反求结构内力，从而穿越极限点求出结构的后极限强度响应。目前常用的大型有限元程序 MARC、ANSYS、ABAQUS、MSC/NASTRAN 等使用弧长控制法。该方法由 Riks[50]首次提出，1981 年由 Crisfield、Ramm、Powell 和 Simons 等做了改进，并与修正 NR 法相结合，成功实现求解后极限平衡路径中的阶跃问题。具有阶跃特性的一般结构的非线性载荷-位移关系如图 2-6 所示。

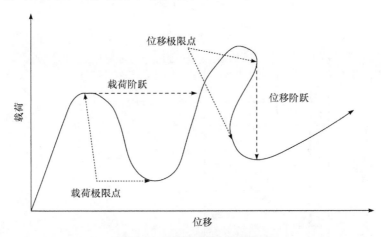

图 2-6　非线性载荷-位移关系

　　增量迭代法适合求解非线性结构的完整静态载荷-位移响应。在确保总平衡方程满足规定精度的条件下可采用较大的载荷增量。在增量迭代法中，每一载荷步由外载增量、平衡回复力组成。令 i 表示载荷增量数，j 表示迭代步数，迭代循环由 $j=1$ 开始，对应外载荷的增加，平衡迭代由 $j=2$ 开始。在增量迭代法中，每一迭代步的成功实现需要完成两步，即选择合适的外载荷增量 $\Delta\lambda_i^1$ 和选择合适的迭代方法尽快回复平衡力。如果迭代在载荷参数 $\Delta\lambda_i^j$、节点位移 $\{\delta\}_i^j$ 的基础上进行，则需要关于 $\Delta\lambda_i^j$ 的附加约束方程。不同的约束方程决定不同的迭代方法。下面详细介绍弧长控制法。

图 2-7 为采用弧长控制法的单一载荷步的增量迭代过程图。假定在 $j-1$ 载荷增量步上已满足收敛条件，则计算结果$(\lambda_{i-1}$，$\{\delta\}_{i-1})$满足总平衡方程。在第 i 个载荷增量步的第一个迭代周期 $j=1$ 内，基于前一载荷步计算出的已知位移与应力求出切线刚度矩阵$[K_I]_i$，则载荷步下的切线位移$\{\delta_I\}_i$为

$$[K_I]_i\{\delta_I\}_i = [F_I]_i \tag{2.12}$$

其中，$[F_I]_i$为单位外载荷矢量。

位移增量为

$$\{\Delta\delta\}_i^1 = \Delta\lambda_i^1\{\delta\}_i^1 \tag{2.13}$$

其中，$\Delta\lambda_i^1$为初始载荷增量；$\{\delta\}_i^1$为单位载荷增量位移。

总位移与总载荷为

$$\{\delta\}_i^1 = \{\delta\}_{i-1}^1 + \{\Delta\delta\}_i^1 \tag{2.14}$$

$$\lambda_i^1 = \lambda_{i-1} + \Delta\lambda_i^1 \tag{2.15}$$

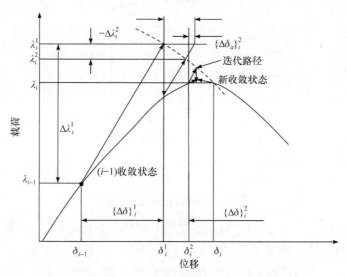

图 2-7　弧长控制法的单一载荷步的增量迭代过程图

当从一个稳定状态 $j-1$ 向另一稳定状态 i 作增量迭代时，必须选择初始载荷增量 $\Delta\lambda_i^1$。增量大小的选择非常重要，可以反映当前结构的非线性程度。若初始载荷增量取得很大，则收敛速度很慢或可能不收敛；若初始载荷取得太小，则计算效率很低。自动选择载荷增量能很好地跟踪载荷变形曲线上的最大、最小点何时被穿越。

设第 i 个载荷步的弧长为

$$l_i^2 = \left(\Delta\lambda_i^1\right)^2 \{\delta_I\}_i^T \{\delta_I\}_i \tag{2.16}$$

当前增量采用的弧长可由前一增量步弧长算出，即

$$l_i = l_{i-1} \left(\frac{J_d}{J_{i-1}}\right)^\gamma \tag{2.17}$$

其中，J_d 为用户定义收敛所需要的迭代数目；J_{i-1} 为前一载荷步收敛迭代数目；指数 γ 取 0.5～1.0。

初始载荷的增量为

$$\Delta\lambda_i^1 = \frac{\pm l_i}{\sqrt{\{\delta_I\}_i^T \{\delta_I\}_i}} \tag{2.18}$$

这里 $\pm$ 号的选择可以根据外力所做功的增量来判断，即

$$\Delta W_i = \Delta\lambda_i^1 \{\delta_I\}_i^T \{F_I\}_i \tag{2.19}$$

在这一阶段，计算结果不满足总平衡方程，需要附加的迭代循环恢复平衡。在平衡迭代周期 $j \geqslant 2$ 时，NR 法一般不穿越极限点。要想穿越平衡点，必须允许荷载参数作变化。在 $j \geqslant 2$ 迭代步，位移增量的改变可以写为

$$[K_I]_i \{\Delta\delta\}_i^j = \Delta\lambda_i^j \{F_I\}_i - \{\Psi\}_i^{j-1} \tag{2.20}$$

其中

$$\{\Psi\}_i^{j-1} = \{F_{int}\}_i^{j-i} - \{F_{ext}\}_i^{j-1} \tag{2.21}$$

式(2.10)为前一步迭代后作用在结构上的不平衡力。内力 $[F_{int}]_i^{j-1}$ 可以通过下式积分得出，即

$$[F_{int}]_i^{j-1} = \int [B]_i^{(j-1)T} \{\sigma\}_i^{j-1} dV \tag{2.22}$$

其中，$[B]_i^{j-1}$ 为应变矩阵，包括非线性项；$\{\sigma\}_i^{j-1}$ 为合成应力矢量。

对于比例加载，前一迭代后的外载荷为

$$\{F_{ext}\}_i^{j-1} = \lambda_i^{j-1} \{F_I\}_i \tag{2.23}$$

式(2.20)等号右边呈线性关系，因此最终结果可写成两矢量的线性耦合，即

$$\{\Delta\delta\}_i^j = \Delta\lambda_i^j \{\delta_I\}_i + \{\Delta\delta_R\}_i^j \tag{2.24}$$

其中，$\{\delta_I\}_i$ 为切线位移，$j=1$ 时已算出；$\{\Delta\delta_R\}_i^j$ 为残余位移，即

$$[K_I]_i \{\Delta \delta_R\}_i^j = -\{\psi\}_i^{j-1} \tag{2.25}$$

载荷参数 $\Delta \lambda_i^j$ 的变化可以通过弧长控制方程获得。应用弧长约束方程限制初始载荷增量 $\Delta \lambda_i^1$ 的概念由 Riks 在 1979 年首先提出。约束方程为

$$\{\Delta \delta\}_i^{1T} \{\Delta \delta\}_i^1 + \{\Delta \lambda_i^1\}^2 \{F_I\}_i^T \{F_I\}_i = l_i^2 \tag{2.26}$$

其中，l_i 为载荷位移空间中 $i-1$ 步收敛状态下的弧长。

Riks 提出的迭代路径为垂直于切线的法平面。为了进一步提高其在有限元计算中的稳定性，Crisfield 等对上述方法进行了改进，将式(2.26)改写为

$$\{\Delta \delta_a\}_i^{jT} \{\Delta \delta_a\}_i^j = l_i^2 \tag{2.27}$$

对所有的迭代 j，$\{\Delta \delta_a\}_i^j$ 为第 i 个载荷步内的积累位移，即

$$\{\Delta \delta_a\}_i^j = \{\delta\}_i^j - \{\delta\}_{i-1} \tag{2.28}$$

式(2.27)意味着，迭代沿给定半径为 l_i 的球面收敛，即位移增量必须满足球面约束方程。

由式(2.18)和式(2.20)，可将式(2.26)扩展为

$$\left[\{\Delta \delta_a\}_i^{j-1} + \Delta \lambda_i^j \{\delta_I\}_i + \{\Delta \delta_R\}_i^j\right]^T \left[\{\Delta \delta_a\}_i^{j-1} + \Delta \lambda_i^j \{\delta_I\}_i + \{\Delta \delta_R\}_i^j\right] - l_i^2 = 0 \tag{2.29}$$

于是，可得关于 $\Delta \lambda_i^j$ 的二次方程，即

$$A\left(\Delta \lambda_i^j\right)^2 + B\Delta \lambda_i^j + C = 0 \tag{2.30}$$

其中

$$A = \{\delta_I\}_i^T \{\delta_I\}_i \tag{2.31}$$

$$B = 2\left[\{\Delta \delta_a\}_i^{j-1} + \{\Delta \delta_R\}_i^j\right]^T \{\delta_I\}_i \tag{2.32}$$

$$C = \left[\{\Delta \delta_a\}_i^{j-1} + \{\Delta \delta_R\}_i^j\right]^T \left[\{\Delta \delta_a\}_i^{j-i} + \{\Delta \delta_R\}_i^j\right] - l_i^2 \tag{2.33}$$

假定式(2.30)的两个根为 $(\Delta \lambda_i^j)_1$ 和 $(\Delta \lambda_i^j)_2$，正确选择根的原则是避免载荷变形响应的返回，即迭代前的位移增量矢量与迭代后的位移增量矢量之间的夹角应为正。对这两种可能的根，对应的角度定义为

$$\theta_{1,2} = \left[\{\Delta \delta_a\}_i^{j-1} + \left(\Delta \lambda_i^j\right)_{1,2} \{\delta_I\}_i + \{\Delta \delta_R\}_i^j\right]^T \{\Delta \delta_a\}_i^{j-1} \tag{2.34}$$

真正的 $\Delta \lambda_i^j$ 是对应 θ 角为正的一个根。当两个根对应的 θ 角均为正时，真正

的根为最接近式(2-30)的线性解的那个根。当式(2.30)中的系数 $B^2 - 4AC < 0$ 时，则出现两个虚根。只有当初始载荷取得过大或结构上某一点存在多层不稳定时才有可能出现。

式(2.24)给出了本迭代步的节点位移增量，则总位移与总载荷为

$$\{\delta\}_i^j = \{\delta\}_i^j + \{\Delta\delta\}_i^j \tag{2.35}$$

$$\lambda_i^j = \lambda_i^{j-1} + \Delta\lambda_i^j \tag{2.36}$$

迭代至结构位移或载荷满足收敛准则。在大多数通用有限元程序中，用户可以指定迭代结束的条件。如果达到用户规定的迭代数时仍未收敛，或结果发散，则需要调整初始载荷增量重新计算。

在采用弧长法时，初始弧长需要另行确定。有限元程序采用弧长法时，可以指定初始加载增量步的载荷与施加总载荷的比例系数 λ。由 λ 值计算出平衡后的初始位移增量 $\Delta\delta_{\text{ini}}$，可确定初始弧长 $l_1 = \|\Delta\delta_{\text{ini}}\|$。在后续加载步中，就可以按前面所述的原理自动确定弧长和载荷增量系数。

2.2　采用通用有限元程序进行极限强度分析需要考虑的问题

2.2.1　箱型梁模型参数及敏感性分析

船体结构的极限强度受各种参数的影响。由于所考虑问题的复杂性，采用非线性有限元数值计算分析这些参数对极限强度的影响。下面以箱梁非线性失稳为例，探讨网格密度、边界条件、板厚、杨氏模量、屈服应力，以及加载步长等方面的变化对最终结果的影响。

为了方便计算，本章以 Nshihara(NST-3)模型为例，其剖面尺寸如图 2-8 所示。

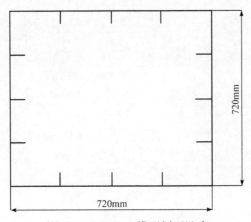

图 2-8　Nshihara 模型剖面尺寸

Nshihara 模型构件尺寸及材料特性参数如表 2-1 所示。构件有效跨长为 540mm。

表 2-1　Nshihara 模型构件尺寸及材料特性参数

单元	尺寸	σ_y/(N/mm²)	E/(N/mm²)
受压面板厚度	3mm	293	211000
受拉面板厚度	3mm	293	211000
两侧板厚度	3mm	293	211000
两侧加强筋	50mm×3mm	293	211000
其他加强筋	50mm×3mm	293	211000

1. 网格密度对极限强度的影响

有限元划分网格是保证有限元模型质量的一个重要环节。它要求考虑的问题很多，需要的工作量很大，所划分的网格形式对计算精度和计算规模将产生直接影响。一般来说，网格数量增加，计算精度就会有所提高，但与此同时，计算所需要花费的时间也大大增加。在极限强度分析中，因为涉及后屈曲问题，是否网格越密计算结果越好？此外，在不同的载荷状态(如轴向载荷、横向载荷、弯曲载荷或联合载荷)作用下，采用何种几何形状的网格计算结果比较合理，都是有待探讨的问题。

为了考察单元网格的划分对箱梁极限强度的影响，本章针对不同的单元数，以及不同单元长宽比(假定轴向为单元长度方向，各有限元模型如图 2-9 所示)，进行系列有限元计算比较。

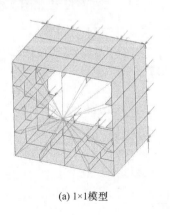

(a) 1×1模型

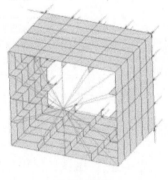

(b) 2×1模型

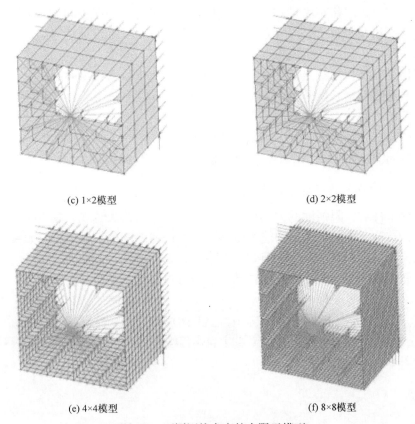

(c) 1×2模型　　　　　　　　　　　　　　　(d) 2×2模型

(e) 4×4模型　　　　　　　　　　　　　　　(f) 8×8模型

图 2-9　不同网格密度的有限元模型

　　网格密度对极限强度的影响如图 2-10 所示。可以看出，细化网格能减小极限弯矩绝对值的大小。

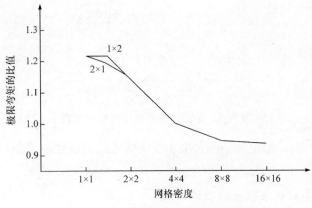

图 2-10　网格密度对极限强度的影响

可以看出，网格密度导致曲线的首尾端比较平滑，而在中间部分坡度很大。这说明，网格在很疏松，以及很致密时，细化网格对极限强度的影响不大。在某一中间密度时，细化网格可以明显改善模型的质量。因此，在网格较疏松时应该细化网格，在网格已经足够致密以后，细化网格对于改善模型效果不大，反而带来计算时间急剧增长的弊端。当然，判断模型的网格密度是否已经足够致密需要靠建模者的经验，以及反复的试算。对于相同的单元数目，不同长宽比的网格划分(2×1 和 1×2)，沿长度方向(轴向)细化网格时，曲线下降梯度较大。这说明，沿长度方向(轴向)的细化网格往往会取得较好的效果。

2. 边界条件对极限强度的影响

边界条件对极限强度的大小也是有影响的，因为约束越强，相当于增加结构的刚度，结构承受总纵弯矩的能力也增强。本章考虑两种不同的边界条件。在模型左端仍然采用 Msc/Marc 所提供的多点约束(multi-point constrain，MPC)功能，假定端面近似刚性面绕其中性轴转动，逐步弯矩载荷。在模型右端端面上分别施加两种不同的边界条件。

(1) 相当于简支。所有节点 $U_z=0$，上下面板节点 $U_y=0$，两侧板 $U_x=0$。

(2) 刚性固定。端面所有节点 6 个自由度全部约束。边界条件对极限强度的影响如图 2-11 所示。

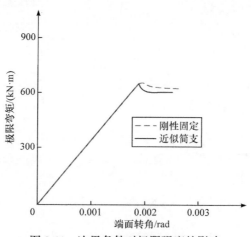

图 2-11　边界条件对极限强度的影响

可以看出，刚性固定时结构所能承受的极限载荷要比简支条件下的极限载荷值大。

3. 屈服应力对极限强度的影响

材料的屈服应力代表材料的强度。屈服应力越大材料越强，对于工程结构来说，材料的屈服应力越大，结构的安全性就越高。相应的，可以采用剖面尺寸相对较小的结构物构件，这样就可以减轻结构物的重量。与此同时，减小剖面尺寸往往使结构刚度相对降低。

材料屈服应力对极限强度的影响如图 2-12 所示。

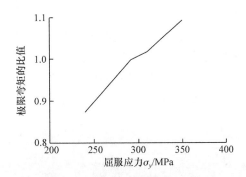

图 2-12　屈服应力对极限强度的影响

可以看出，结构的极限弯矩随着材料屈服应力的增大而增大，而且这种增加的趋势基本成线性关系。

2.2.2　江海直达船舶模型参数及敏感性分析

船体结构是在纵横两个互相垂直的方向上设置加强筋的加筋板组成的三维结构。一般船体板架有三种可能的破坏模式，即纵横骨架间板格的破坏；相邻横框架间加筋板的破坏；包括纵横加强筋在内的整个板架的总体破坏。崩溃形式包括塑性变形和构件的屈曲，以及两者的多种组合方式。随着人们对船体发生极限强度破坏崩溃机理的不断深入研究，逐渐认识到船体结构在外载荷作用下到达极限状态发生极限强度破坏是一个循序渐进的过程。在这个过程中，不断地伴随有构件的失稳与破坏、应力在结构中的转嫁和重分布等复杂现象发生，所以船体的极限状态是一个包含构件的后屈曲行为、几何大变形和材料的非线性应力，即应变关系复杂的力学响应过程。非线性数值计算方法是一种能够反映船体构件局部和整体破坏模式之间的相互作用，计及几何、材料非线性因素，追踪船体发生整体崩溃、丧失承载能力全过程的高精度计算方法。为了更加高效地运用这种方法计算船体梁的极限承载能力，需要对影响该方法计算结果的多个计算参数做系统的研究，进而优选各计算参数的选取方案，从而以较小的计算代价获得精确、可靠的结果。

研究表明，在利用非线性有限元法计算极限强度时，关键区域的单元网格大小、结构的边界条件、载荷施加方式等参数会对计算结果产生重大的影响，因此需要在对比试验结果的基础之上，结合弯扭极限强度问题的特点，通过对各参数在不同选取方案下计算结果的对比研究，为弯扭极限强度的非线性有限元计算确定一套高效、准确、规范的计算方法，从而为实船弯扭极限强度的计算，以及极限强度的衡准研究奠定基础。

1. 关键区域网格密度的影响

对试验模型在加载过程中发生整体崩溃破坏机理的分析表明，翘曲压应力的存在使货舱区中部抗扭箱附近的舱口角隅处甲板加筋板受到的压应力是整个船体梁中的峰值，因此加筋板的屈曲破坏必然是从此处开始产生和发展的。而试验现象也很好地诠释了这一推论(图2-13)。

图2-13 舱口角隅加筋板的整体屈曲破坏

试验模型在弯扭载荷工况下极限强度的初步非线性有限元计算也证实了船体梁最终的极限状态破坏是此处甲板结构整体破坏导致的(图2-14)。

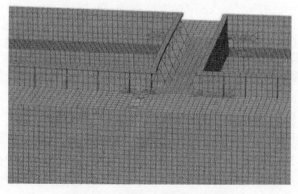

图2-14 非线性有限元计算结果

对比模型试验现象与非线性有限元计算结果表明，两者具有相同极限状态下的破坏模式，破坏发生的起始位置和最终的破坏形式也是一致的。因此，为了研究此关键区域甲板加筋板结构的单元网格大小对计算结果的影响，对此处甲板结构单元网格大小的划分选取三种方案，即 1 肋位大小(100mm)、1/2 肋位大小(50mm)、1/4 肋位大小(25mm)。通过对不同单元网格大小下计算结果的对比分析确定最合理、经济的单元网格大小的选取方案。不同单元网格大小的有限元模型如图 2-15 所示。

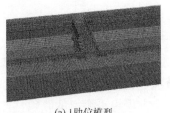

(a) 1 肋位模型　　　　　　　　(b) 1/2 肋位模型　　　　　　　　(c) 1/4 肋位模型

图 2-15　不同单元网格大小的有限元模型

对上述三种模型在保持其他参数相同的情况下分别计算三者的弯扭极限强度，可以得到各自的极限承载能力和极限状态下的破坏模式。不同单元网格大小的载荷比例系数(load proportionality factor，LPF)-弧长(ARC)曲线如图 2-16 所示。

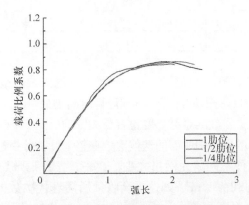

图 2-16　不同单元网格大小的载荷比例系数-弧长曲线

图 2-16 的曲线反映中垂弯矩在逐级施加的过程中船体梁整体结构的响应变化，从初始阶段的弹性变化直到外载荷到达某一值时有船体构件开始发生屈曲失稳，最后当破坏的程度到达一定时，船体梁发生极限强度的破坏，失去继续承载的能力，反映在曲线上就是在曲线的峰值点处，船体结构的整体刚度趋近于 0。表 2-2 列出了在三种不同单元网格大小的计算方案下，曲线峰值点处对应的 LPF。

表 2-2　三种单元网格大小的 LPF$_{max}$

参数	载荷比例系数峰值(LPF$_{max}$)
1 肋位	1.027
1/2 肋位	1.034
1/4 肋位	1.010
最大差值/%	2.320

由此可知，对于关键区域不同的单元网格，计算得到的载荷峰值差异甚微，但是从载荷-位移曲线的时间历程中可以发现，在 1 肋位和 1/4 肋位的单元网格大小下，曲线在某些地方出现违反常理、不符合实际情况的突变点(例如曲线的切线刚度反常的增大)，反观单元网格大小为 1/2 肋位的情况下，整体曲线的光滑性和趋势都较为理想。这说明，在整个迭代过程中，非线性方程组平衡解的收敛性比较稳定。这一点可以作为选取单元网格大小的评判标准之一。

众所周知，单元网格的疏密程度在很大程度上决定计算成本和计算时间。三种不同单元网格所需的总增量步和总迭代次数如表 2-3 所示。

表 2-3　三种不同单元网格所需的总增量步和总迭代次数

单元网格大小	总增量步	总迭代次数
1 肋位	89	488
1/2 肋位	55	313
1/4 肋位	77	425

从表 2-3 可以看出，单元网格的大小对计算时间的影响是很明显的，而且当单元网格大小为 1/2 肋位时，所需的计算成本和计算时间是最少的。另外，不同单元网格大小对迭代计算过程中收敛的难易程度也有重大影响。图 2-17 显示了三种不同单元网格大小下每个载荷增量步中所需的迭代次数在整个计算分析过程中的分布图。

可以看出，在三种不同单元网格大小下，每个增量步所需的迭代次数的变化，在一个分析步的不同载荷增量下到达平衡收敛所需迭代次数的变化的剧烈程度可以直接反映收敛难易程度和整个计算过程的平顺性。这也是最终影响载荷-位移曲线的走势和合理性的关键因素之一。因此，若以此为判别准则或依据，从图 2-17 可以清楚地发现，在单元网格大小为 1/2 时，整个分析过程迭代次数的变化程度比较缓和，而且对应不同载荷增量的迭代次数在 4~7 次这样一个比较合理的范围内。从这一点出发，较为合理的单元网格大小的选取仍为 1/2 肋位。

从不同单元网格大小下极限状态破坏模式的角度出发，甄别合理的关键区域单元网格大小的选取方案。三种单元网格大小的计算方案对应的船体梁发生初始构件屈曲的位置，以及到达极限状态破坏时的区域都是一样的，都是位于翘曲压应力和船体梁弯曲压应力的组合压应力最大的舯部舱口角隅处(图 2-18)。

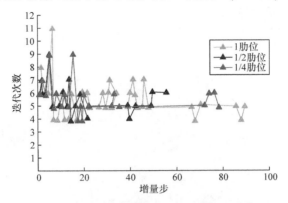

图 2-17　三种不同单元网格大小对计算收敛性的影响

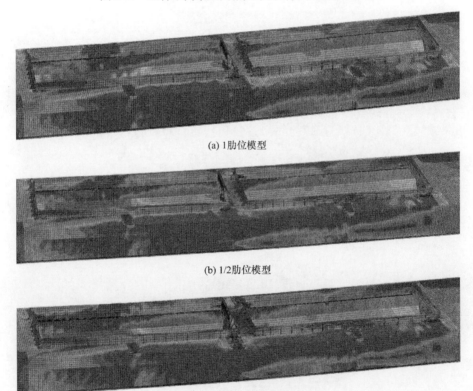

(a) 1肋位模型

(b) 1/2肋位模型

(c) 1/4肋位模型

图 2-18　单元网格大小为 1、1/2、1/4 肋位时的破坏位置

　　如图 2-18 所示，尽管破坏发生的起始位置和最终极限状态的破坏区域都是相同的，但不同单元网格大小的加筋板破坏模式存在显著的差别。因此，选取破坏起始和最终位置的上甲板边板的加筋板板格作为研究对象，分析它在整个载荷逐

级递增过程中的破坏过程和机理。

　　首先，分析单元网格大小为 1 肋位的情况。图 2-19 显示了角隅位置处上甲板边板的加筋板板格开始发生屈曲到最后极限状态破坏的整个过程。

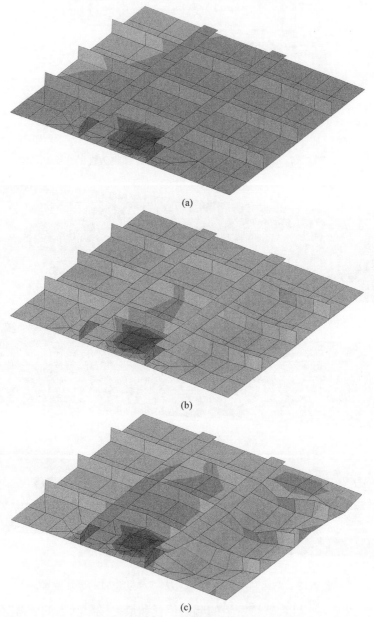

(a)

(b)

(c)

图 2-19　单元网格大小为 1 肋位的加筋板破坏过程

　　可以看出，当载荷到达某一值时，加强筋之间的板格首先发生屈曲失稳现象。

随着载荷的逐渐增大，某一强框架之间的板架发生整体屈曲破坏，最终到达极限状态时的破坏模式也是这一框架范围内加筋板的整体屈曲破坏。这一破坏模式可以从图 2-20 中沿着某一路径上节点的垂直于板架平面的横向位移来判定。

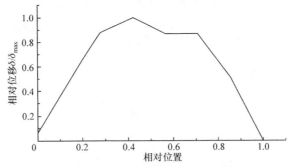

图 2-20 某一路径上节点的横向位移分布图(1 肋位)

可以明确地判断，上述框架范围内加筋板发生的是整体屈曲破坏模式。当单元网格细分之后，加筋板的破坏模式发生变化。单元网格大小为 1/2 肋位的加筋板破坏过程如图 2-21 所示。

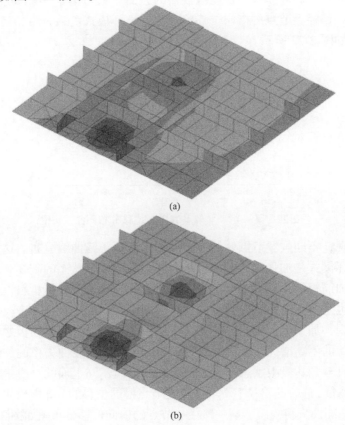

(a)

(b)

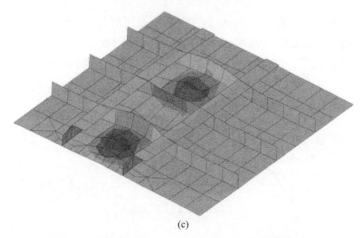

(c)

图 2-21　单元网格大小为 1/2 肋位的加筋板破坏过程

　　可以看出，当载荷到达某一值时，中间强框架之间加筋板的板格首先发生屈曲失稳。随着载荷的增大，板格的屈曲位移逐渐增大，使加强筋发生侧倾。最后加筋板的极限状态破坏模式为加筋板板格的屈曲导致的整体板架的失稳。同样，可以选取某一路径上节点的横向位移验证这一破坏模式。某一路径上节点的横向位移分布图如图 2-22 所示。

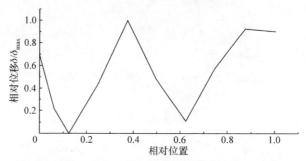

图 2-22　某一路径上节点的横向位移分布图(1/2 肋位)

　　可以发现，不同位置节点处的横向位移近似呈正弦曲线分布。这充分说明，加筋板的破坏模式是加强筋之间的板格屈曲引起的极限状态的破坏。

　　最后对加筋板的单元网格大小为 1/4 肋位的情况进行分析，可以发现加筋板的破坏模式也是板格屈曲诱发的整体板架的失稳(图 2-23)。

　　可以发现，加筋板的初始屈曲发生在从中间相邻横框架加筋板之间的板格。随着中垂载荷的不断增大，板格之间的加强筋也因板的屈曲失稳的加剧而发生侧倾的现象，直至到达极限状态下整个加筋板的崩溃。同上面的分析一样选取一条典型的节点路径，通过此路径上不同位置处节点横向位移的分布能够更加直观地反映整体板架的屈曲失稳模式。某一路径上节点的横向位移分布图如图 2-24 所示。

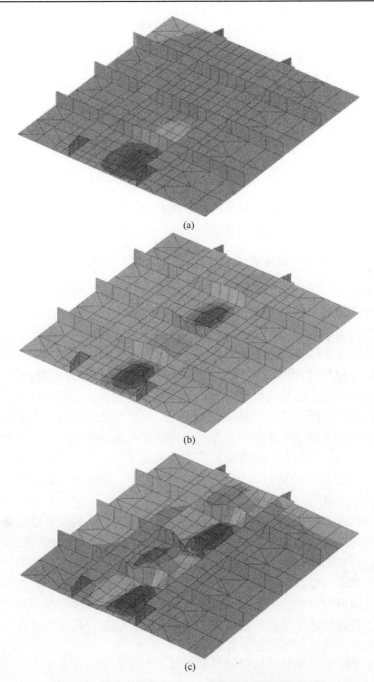

(a)

(b)

(c)

图 2-23　单元网格大小为 1/4 肋位的加筋板破坏过程

在上面的分析中分别对三个参考标准下不同单元网格大小划分时的计算结果进行对比分析，综合对三种因素的考量，确定最终发生极限状态破坏的关键区域。

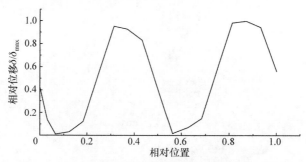

图 2-24　某一路径上节点的横向位移分布图(1/4 肋位)

采取 1/2 肋位的单元网格大小是最经济、可靠的，并且能准确地模拟极限状态的破坏模式和获得船体梁的极限承载能力。

2. 增量迭代加载控制方式的影响

通过非线性有限元法计算结构的极限强度时，必须选择正确的求解方法。对于包含非线性因素在内的结构极限强度问题，结构在承受逐渐增大的外载荷作用的过程中会伴随着构件的屈服、失稳，以及应力在不同构件之间的重分配等现象发生，导致结构整体的载荷-位移曲线是一条趋势、走向未知的曲线，即结构的刚度矩阵是随着结构位型的变化而变化的。因此，为了准确而快速地捕捉到载荷-位移曲线的峰值点，通常选取基于 NR 法的弧长控制法。它是一种以弧长为控制参数在包含真实平衡路径的增量位移空间中，用迭代法自动确定各增量步中满足力平衡方程的载荷增量大小和加载方向的高级非线性追踪迭代法。增量迭代法的基本原理是首先把施加的外载荷分为若干个载荷增量；然后在每个载荷增量步中以泰勒展开的方法把非线性方程组转化为一组线性方程组，反复迭代求出满足平衡条件的位移增量；最后把每个增量步中的位移增量相加即可得到施加外载荷对应的结构的最终位移。然而，对于载荷施加形式的不同又可以将增量迭代法分为按力载荷控制的加载方式和按位移控制的加载方式。这两种方法都各有所长，如图 2-25 中的载荷-位移曲线所示。对于存在趋势急剧变化的拐点的曲线而言，不同位置的拐点处会存在力载荷控制加载方式下的急速通过和位移载荷控制加载方式下的急速返回现象。正是由于这两种现象的存在，需要根据不同结构分析问题的特点，合理地选取不同的载荷控制加载方法，从而以最小的计算代价和最少的计算时间获得精确、可靠的计算结果。

船体梁的极限强度是船体梁所受外载荷与船体梁变形曲率关系曲线的峰值点处的极值。它不会出现如图 2-25 所示的载荷-位移曲线存在多个极值点的情况。由此可知，在计算船体梁极值载荷时，采用以位移控制的载荷加载方式为宜。为了进一步比较两种载荷加载控制方式的优劣，下面采用这两种载荷控制方法对试

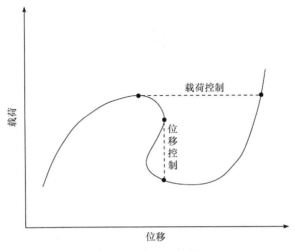

图 2-25　载荷-位移曲线

验有限元模型进行弯扭极限强度的非线性有限元计算，通过具体的参考指标比较得出哪一种方法更加高效、可靠、精确。

1) 两种加载方式的有限元计算模型

为了直观地得到两种载荷加载控制方式的差异，在有限元模型的建立上除了加载方式，其他所有计算参数和条件都是相同的。试验模型加载和边界条件如图 2-26 所示。

为了如实反映试验模型的边界条件和加载方式，在有限元模型的建立过程中采用解析刚体构件(图 2-27 中左侧块状物)模拟实际情况中的边界支座，而整个试验模型的材料属性还与加工试验模型的钢材保持一致，即变形体。刚体与变形体之间采用基于主从面(master-slave)罚函数算法的接触关系，法向接触属性为硬接触，切向接触属性采用库仑摩擦模型，摩擦系数为 0.15。上述有限元模型边界条

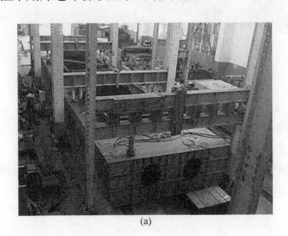

(a)

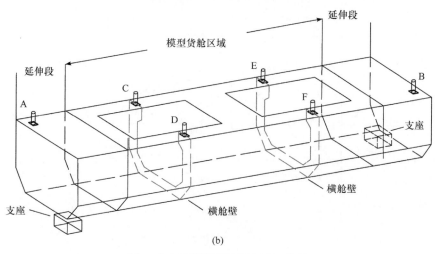

(b)

图 2-26　试验模型加载和边界条件

件的处理手段相较于直接在模型上施加边界条件的方法更加符合实际客观条件，可以最大限度地保证有限元模型边界条件的真实性。对于试验模型中用千斤顶施加外载荷的方式在有限元模型中则利用 MPC 刚性约束条件对施加载荷的区域进行处理，在刚性约束的参考点处施加力载荷条件或者位移载荷条件。两种加载方式的有限元模型边界和加载条件如图 2-27 所示。

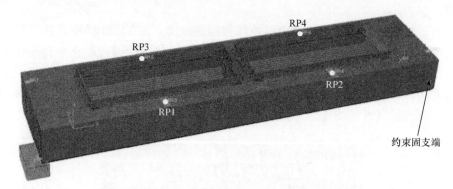

图 2-27　两种加载方式的有限元模型边界和加载条件

图 2-27 中位于两货舱中间区域的四个参考点(RP1、RP2、RP3、RP4)是用来施加中垂弯矩载荷的加载点。试验采用千斤顶施加力载荷，在有限元计算的时候采用两种加载方式，一种是与模型试验相同的集中力载荷；另一种是在这四个加载点处同时施加位移载荷。然后，通过这些加载点处的支反力得出模型中由相应位移载荷产生的中垂弯矩大小。通过计算结果可以对比分析这两种加载方式的优缺点。

2) 两种加载方式计算结果对比分析

在弧长法中有一个重要的计算参数，即初始增量大小。这个值需要计算者自行设定，而这个值的大小对整个载荷-位移曲线的发展和历程有直接的影响。对不同的结构而言，合理地确定初始载荷增量需要多次的试算，而且不同的载荷加载控制方式对这项参数的敏感性也不尽相同。为了探索初始增量大小对计算结果和收敛过程的影响，对两种载荷加载控制方式分别选取 0.01～0.1 之间的十组初始增量大小的数值进行计算。

对于施加集中力载荷，采用力载荷加载控制的方式，只有 5 组初始载荷增量大小正常地完成计算，并得到相应的载荷-挠度曲线，如图 2-28 所示。

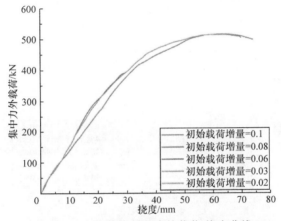

图 2-28　力载荷控制方式的载荷-挠度曲线

相较于上述力载荷加载控制方式，在施加位移载荷加载控制方式的十组初始载荷增量大小的计算中，有 9 组都完成了整个分析过程。位移载荷控制方式的载荷-挠度曲线如图 2-29 所示。

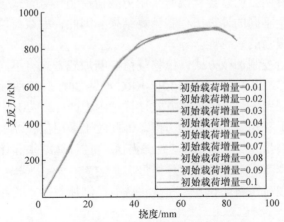

图 2-29　位移载荷控制方式的载荷-挠度曲线

对比以上不同初始载荷增量大小时的载荷-位移曲线的历程可知，从对于初始载荷增量大小的敏感性角度出发，采用位移载荷控制加载方式要比力载荷控制加载方式的计算过程和计算结果更加稳定可靠，因此位移载荷控制加载方式对于计算不同结构的极限强度时的适应性更强。换言之，当采用位移载荷控制加载方式时，不需要对初始载荷增量大小的选取进行反复地试算，只需在合理的范围内选取就能保证计算结果的可靠性。这样就能节约大量的计算时间和计算成本。为了更加清晰地对比两种加载控制方法在不同初始载荷增量大小下整个迭代过程收敛的难易程度和平衡迭代过程的差异性，对迭代过程的 LPF-ARC 曲线(图 2-30)进行分析。

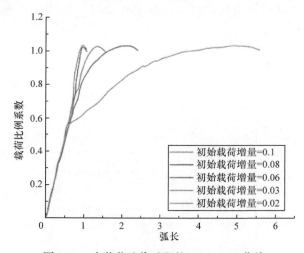

图 2-30　力载荷迭代过程的 LPF-ARC 曲线

上述 LPF-ARC 曲线能够反映整个载荷加载过程中载荷比例增量在每个迭代步中平衡收敛难易的程度。如图 2-30 所示，不同初始载荷增量大小 LPF-ARC 曲线的走势和历程有明显的差异，说明采用力载荷控制加载方式会导致不同的初始载荷增量大小产生不同的计算历程和计算结果。因此，力载荷控制加载方式对于初始载荷增量有很强的敏感性。

相较于力载荷控制加载方式，位移载荷控制加载方式有不同于上述分析结果的计算过程。位移载荷迭代过程的 LPF-ARC 曲线如图 2-31 所示。

可以发现，采用位移控制加载方式计算过程中的 LPF-ARC 曲线在不同的初始载荷增量大小下有相似的趋势和历程，因此对于采用位移控制加载方式的计算过程，初始载荷增量大小不会根本性地影响最终的计算结果和计算历程。由此可见，位移控制加载方式有明显的计算优势。

综合对比力载荷控制加载方式和位移载荷控制加载方式的计算结果可以发现以下几点。

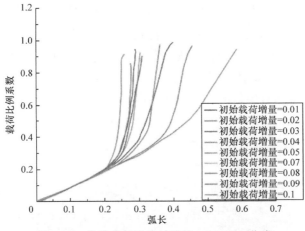

图 2-31　位移载荷迭代过程的 LPF-ARC 曲线

(1) 对于在不同初始载荷增量条件下计算结果的离散程度，力载荷控制加载方式要比位移载荷控制加载方式大很多，而且对于不同的初始载荷增量大小力载荷控制加载方式具有不同的收敛性和平衡迭代路径。这说明，对于具有不同极限强度的结构，每次计算都需要多次试算确定初始载荷增量，从而得到较准确的极限强度值。在位移控制的加载方式中，计算结果及其计算过程的收敛性对于不同初始载荷增量大小的敏感程度较低，使在利用此种方法计算不同结构的极限强度时，初始载荷增量不会成为影响计算结果的因素之一。

(2) 对于无阶跃现象的极限强度问题而言，位移控制的载荷加载方式有较好的适用性，在计算的过程中能够免去反复尝试不同的初始载荷步长确定合适加载比例的繁重工作量，快速有效地得出准确的计算结果。

(3) 对于力载荷控制加载方式而言，在保证其他计算条件相同的情况下，不同的初始载荷增量大小得到的极限强度值不同，而且这种计算结果的不稳定现象会随着结构复杂性的增加而增加，从而导致这种加载方式计算效率很低。位移控制加载方式能够凭借自身迭代求解方法的优越性避免初始载荷步长的不同导致的结果离散的缺点。同时，又能准确地搜索到载荷-位移曲线的平衡路径，因此这是一种高效的加载控制方法。

3. 边界条件施加方式的影响

在涉及试验有限元模型建立的时候，为了最大限度地保证模型边界条件和实际情况的一致性，采用刚体构件模拟试验中的支座，对刚体构件与试验模型之间施加基于主从面接触关系的罚函数算法模拟两者之间的接触条件(图 2-32)，从而使有限元模型具备与试验条件相同边界条件的形式。但是，这种边界条件的施加方法不具有普适性，而是针对试验模型的加载和边界条件而言的。因此，为了验证一种更加通用、简单的加载和边界条件是否会对计算结果产生重大的影响，本节将对在有限元模型中施加简化的加载和边界条件是否能够在计算结果的精度和可靠性上替代真实边界和加载条件(图 2-33)进行探讨研究，从而到达简化边界条件的施加方法，减少计算时间和计算成本的目的。

图 2-32　试验模型加载和边界条件

图 2-33　有限元模型真实的边界和加载条件

　　通常情况下都是采用施加 MPC 刚性约束的方法对有限元模型的端面建立边界条件。此方法能够简单快捷地建立有限元模型的边界条件，但是考虑船体梁在实际航行过程中是一个漂浮在水面的自弹性体，在有限元计算中边界条件又是对计算结果有重大影响的一个因素。因此，为了探讨这种模型边界条件施加方法的可靠性、准确性，以及到底应该对哪些自由度施加约束就需要结合模型试验，用真实边界条件下有限元模型的计算结果——解答。首先，利用 MPC 约束条件对模型两个断面施加刚性约束。端面 MPC 约束如图 2-34 所示。

　　MPC 刚性约束参考点与从节点之间的六个自由度都需要关联，相当于参考点与从节点之间是刚性梁连接起来的。这样从节点的六个自由度都与参考点的六个自由度保持协调一致。MPC 约束参考点与从节点之间的约束关系如表 2-4 所示。

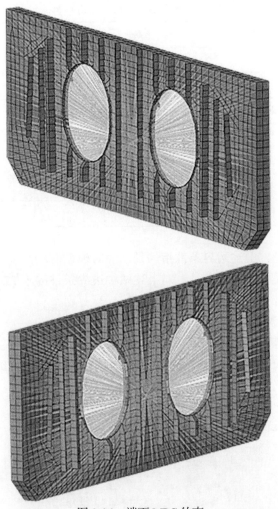

图 2-34　端面 MPC 约束

表 2-4　MPC 约束参考点与从节点之间的约束关系

U_x	U_y	U_z	UR_x	UR_y	UR_z
约束	约束	约束	约束	约束	约束

在用 MPC 刚性约束对模型施加载荷和边界条件时，支座边界条件和扭矩都施加在模型两端断面的 MPC 参考点上。为了说明哪种边界条件的选取方式能够更加确切地反映模型的真实条件，表 2-5 选取了两种边界条件的施加方式，分别

对这两种边界条件进行非线性有限元的计算，通过对比两者的计算结果与有限元模型在真实边界条件下结果的差异确定哪种边界条件的方案更加符合实际情况。

表 2-5 两种方案的模型边界条件

方案一						
参考点	U_x	U_y	U_z	UR_x	UR_y	UR_z
左端面参考点	约束	约束	约束	约束	—	约束
右端面参考点	约束	约束	约束	约束	—	约束

方案二						
参考点	U_x	U_y	U_z	UR_x	UR_y	UR_z
左端面参考点	约束	约束	约束	—	—	约束
右端面参考点	—	约束	约束	—	—	约束

需要说明的是，上述边界条件指的是已经对模型两端面施加扭矩之后在计算中垂弯扭极限强度时的边界条件。对上述两种边界条件的施加方案分别进行非线性有限元计算，计算结果如下。

1) 极限状态破坏模式的比较

不同的边界条件会导致极限承载能力的计算值与极限状态下破坏模式的区别，因此参考这两个衡量标准对比分析不同边界条件下的计算结果能够起到立竿见影的效果。

首先，对真实边界条件，以及方案一、方案二下极限状态破坏模式进行对比分析，如图 2-35～图 2-37 所示。

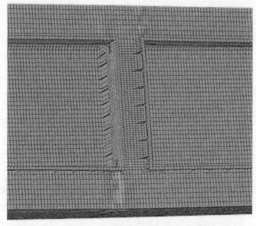

图 2-35　真实边界条件下极限状态破坏模式

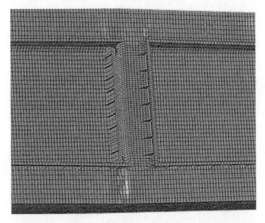

图 2-36　方案一边界条件下极限状态破坏模式

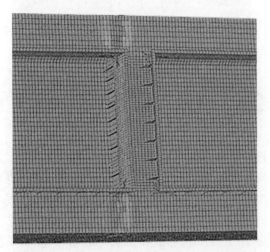

图 2-37　方案二边界条件下极限状态破坏模式

可以看出，方案一边界条件下极限状态的破坏模式与真实边界条件下的破坏模式是相同的，都是位于两个翘曲压应力位置处的舱口角隅附近。方案二边界条件下的破坏位置不同于前两者，没有体现出扭矩载荷对于船体梁发生中垂弯曲的作用和影响。这是由于方案二对 UR_x 没有进行相关的约束，当中垂弯曲载荷作用在模型上之后会由于模型的弹性变形而减少初始扭矩的作用效果，而方案一约束了 UR_x，使初始扭矩在模型中产生的结构响应的状态能够被很好地保持，因此方案一边界条件下的破坏模式与实际情况更加符合。

2) 载荷-位移曲线的比较

为了了解模型在整个加载历程中结构刚度的变化，三种边界条件下的载荷-位移曲线如图 2-38 所示。

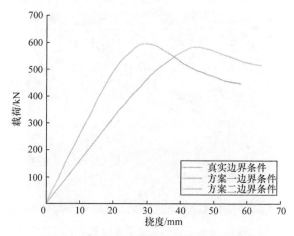

图 2-38　三种边界条件下的载荷-位移曲线

图 2-38 所示的三条曲线分别对应三种边界条件，可以看到三条曲线的峰值点载荷值相差无几，但是在弹性范围内曲线的斜率有明显的差异，主要体现在方案一与方案二之间的边界条件。上面分析了这两种边界条件的方案对 UR_x 的处理不同所致的极限状态下破坏模式的区别，而载荷-位移曲线在弹性范围内的斜率代表模型结构的整体刚度。方案一对模型两端面的 U_x 都进行了约束，而在方案二中对 U_x 的处理类似于简支的边界条件，即一端面的 U_x 是自由的。在真实边界条件下，两个刚体支座和柔性体之间则是采用库仑摩擦模型的接触关系，相当于用两个面之间的摩擦力约束模型在 x 方向的位移，因此方案一的边界条件与真实边界条件是相同的，而方案二由于释放了模型一端面的 U_x，因此模型的抗弯刚度相对减小，导致图中曲线斜率的差异。

综合不同边界条件下极限状态破坏模式与载荷-位移曲线的对比分析结果可以看出，方案一的边界条件与实际情况吻合地更好，所以采用方案一中的简化边界条件既能够保证计算结果与试验结果之间的一致性，又能降低计算成本、减少计算时间。

2.3　江海直达船弯扭极限强度分析

对于具有大开口甲板结构特征的江海直达船型，鉴于其较大的甲板开口严重地削弱船体梁的抗弯、抗扭刚度，船舶在斜浪中或货物不对称装载情况下的船体结构安全性成为此类船舶在强度直接计算分析和校核衡准时的关键内容。在这种状态下，船体的扭转总是与水平弯曲、垂向弯曲同时发生，使船体处于复杂的变形状态[51]。各种适用于常规型船舶的船体结构简化计算模型，如弯曲等值梁模型、中舱段有限元模型、三维框架加二维平面模型都不适用于大开口船舶。目前船体结构强度的计算分析主要采取基于简单梁理论的总纵强度计算和有限元分析两种方法。前一种方法建立在薄壁梁理论的基础上，把船体等效成空间变截面薄壁梁，对选取的计算剖面的总纵弯曲应力、扭转剪应力等响应进行计算，然后参照规范规定的许用应力进行结构强度的衡准。此种方法具有较大的局限性，首先它只是针对某个剖面在相应载荷下的结构响应进行计算，不能考虑船体梁的扭转特性，而且计算剖面只考虑纵向连续的强力构件，没有计及不连续构件的影响。其次，这种方法不能准确地考虑局部载荷的作用，以及整船的变形和应力状态，也不能真实地反映开口角隅和船体构件几何不连续处的应力集中现象。所以，这种计算分析和强度衡准方法不适合大开口船型。有限元分析法可以细分为两大类，即舱段结构强度有限元直接计算分析和整船结构强度有限元直接计算分析。对于前一种方法而言，它虽然能够考虑局部载荷作用的影响也能反映出局部结构的应力集中效应，但是不能反映船体整体结构的变形和应力分布同时也不能考虑整船结构构件之间的相互耦合影响。为了克服这些缺陷和不足，从 20 世纪 90 年代开始，世界上一些先进造船国家对大开口船舶采用基于整船有限元模型的弯扭强度计算，这是一种精度更高的计算方法，对全船结构的主要构件建立三维有限元模型，可以详细地反映船体结构各构件之间的相互关系，有利于更精确地得到船体结构在各载荷工况下的应力水平，对船体结构强度进行更为合理的评估，进而对船体结构的设计提出更加可靠、有效的参考意见。鉴于此，本章提出基于设计波法的整船结构有限元模型弯扭极限强度的计算方法。

2.3.1　有限元模型的选取范围

整船三维有限元模型包括整个船长、船宽范围内的船体结构，以及左右舷结构在内的船体舯段、艏艉结构、机舱、上层建筑等结构的所有有效的纵向强力构件(甲板结构、舷侧结构、纵舱壁结构、双层底结构)。此外，模型中还应包括横向的主要结构，如横舱壁、肋骨框架及横向甲板条等，对局部的支撑构件，如肘板等不计入模型，桁材、强框架腹板的开孔忽略不计。

2.3.2　结构模型化

下面根据实际结构构件具体的受力状态，以及所需的计算结果选取合适的单元类型恰当地表示每个构件的刚度。

1. 板壳单元

模型范围中的主要板材包括甲板、舷侧板、船底板、内底板、横舱壁板、纵桁腹板、强横梁腹板、水平桁、垂直桁腹板等。对于线型变化剧烈处应避免翘曲的四边形单元，可以用三角形单元模拟。同时，对于应力梯度较大的区域(高应力区域、开孔周围、肘板连接处、折角连接处)应尽可能地避免三角形单元。

2. 梁单元

梁单元包括纵桁、强横梁的面板，板材、舱壁上的扶强材，次要的骨材等。

3. 杆单元

杆单元包括支柱等只承受轴压载荷的构件。

对于单元网格的选取也要视不同位置的结构而定。一般而言，纵向取 1/2 肋位间距的单元网格大小；横向取 1/2 纵骨间距的单元网格大小；垂向取 1/2 纵骨间距的单元网格大小；对于具有高腹板的构件，应该保证在腹板高度方向上至少有 3 个单元。

对于模型中的大部分单元而言，应控制其单元长宽比在 2∶1 左右，局部区域允许控制在 3∶1。对于舱口角隅等容易出现应力集中现象的关键区域，在划分网格时需要适当地细化网格。

2.3.3 波浪载荷的直接计算

船舶在波浪中航行时除了受到浮力和船舶运动造成的惯性力之外，还需承受波浪载荷的作用。在传统的船体结构强度计算分析与校核方法中，波浪载荷都是通过参照规范中波浪载荷的设计公式确定的。这些公式是在大量的实船使用经验和模型试验的基础上归纳出的。虽然应用简单、方便，但是对于新船型或具有复杂结构的船体而言，其计算结果的准确性和合理性无法确认，不同船级社的公式和计算结果也存在着较大的差异，也不能真实地反映船体在实际航行过程中整船的载荷分布状态，给船体结构的安全性和建造的经济性带来不利的影响。设计波方法基于谱分析方法，对起决定性作用的船体湿表面的波浪压力、船体六个自由度的响应、船体剖面的波浪诱导载荷(弯扭、扭矩、剪力)进行长期预报，进而确定相应的设计波参数，而设计波参数又决定施加到全船有限元模型湿表面的波浪压力和全船的惯性力，使通过全船有限元分析得到的响应结果能够代表实际船体在航行过程中超越规定概率水平的响应值。利用这种方法能够消除经验公式计算波浪载荷带来的不合理性与不确定性，更合理地描述船舶在实际航行过程中受到的真实载荷，得到更加合理、准确的有限元分析结果，有利于提高船体结构强度衡准的真实性和可靠性。

1. 主要载荷参数的确定

船舶在斜浪中航行时，由于波浪作用及船体的摇荡运动，船舶横剖面将产生波浪诱导的垂向剪力、垂向弯矩、水平剪力、水平弯矩和扭矩，使船舶处于复杂的受力和变形状态。因此，对于具有甲板大开口的船舶而言，主要载荷参数应选取上述 5 种载荷。

2. 计算主要载荷参数的频率响应函数

频率响应函数是指船舶在单位波幅的规则波中各载荷参数的响应对应波浪频率的曲线，因此需要确立一组不同频率和航向角的规则波组。我们建议选取的航向角范围为 0°～180°，步长为 15°，设计波的频率从 0.1～2rad/s，步长为 0.1rad/s。利用基于流体动力学软件计算得到主要载荷参数的频率响应函数，根据不同航向角和设计波频率下载荷参数频率响应的大小和分布确定分别使载荷参数的频率响应到达峰值时所对应的规则波参数。

3. 波浪载荷的长期预报

为了使船舶在设计波中波浪载荷的幅值与船舶运行海域波浪载荷的长期预报值相同，需要根据实际的海浪资料对选取的主要载荷参数的幅值进行长期预报。长期预报通常是对某种或几种典型的装载状态进行的，因此应该根据实际船舶的装载手册选取能够涵盖各种可能危险状态的典型装载工况作为长期预报的装载状态。假定对于某一短期海情$(H_{1/3}, T_z)$，船舶以航向角 β，航速 V 航行时，波浪响应幅值的分布函数服从 Rayleigh 分布，即

$$F(x) = 1 - \exp\left(-\frac{x^2}{2\sigma^2}\right) \tag{2.37}$$

其中，分布参数 σ^2 由对响应谱 S_{M_w} 积分得到，即

$$\sigma^2 = \int_{-\frac{\pi}{2}}^{\frac{\pi}{2}} \int_0^\infty S_{M_w}(\omega, H_{1/3}, T_z, V, \beta + \theta) \mathrm{d}\omega \mathrm{d}\theta \tag{2.38}$$

假设各种不同海情、航行状态组成的短期分布是相互独立的，某个海域波浪载荷的长期概率分布是各短期概率分布的加权组合，则波浪载荷幅值 X 大于某一定值 x 的超越概率为

$$
\begin{aligned}
Q(x) &= P(x \geqslant X) \\
&= \sum_i \sum_j \sum_k p_i(H_{1/3}, T_z) p_j(\beta) p_k(V) \exp\left(-\frac{x^2}{2\sigma^2}\right)
\end{aligned} \tag{2.39}
$$

其中，V 取定值，因此航速出现的概率为 1；$p_j(\beta)$ 为航向角出现概率；$p_i(H_{1/3}, T_z)$ 为短期海况出现概率，取决于船舶实际运行海域的海况统计资料，一般取北大西洋波浪散布图，海浪谱采用双参数谱。

超越概率取船舶在其设计寿命内遭遇极限波浪的概率。例如，设计寿命为 25

年的船舶在其生命周期内所遭遇的波浪次数为 10^8，那么其遭遇 1 次极限波浪的概率为 10^{-8}，X 即超越规定概率水平或重现期的船体弯矩、扭矩等具有代表性的载荷控制参数的最大特征值。

4. 设计波参数的确定

通过介绍如下方法确定设计波的波幅，使船体在给定的设计波参数下能够产生与长期预报的最大特征值相同的横剖面波浪诱导载荷、湿表面波浪压力和惯性力等载荷参数。

设计波的波幅为波浪载荷参数长期预报的最大特征值与相应单位波幅规则波中载荷参数频率响应函数峰值的比值，即

$$a_w = \frac{L_i}{A_i} \tag{2.40}$$

其中，a_w 为设计波波幅；L_i 为主要载荷参数长期预报的最大特征值；A_i 为主要载荷参数频率响应函数的极值；i 为主要载荷参数。

至此就能完整地确定全船有限元直接计算分析所需的设计波的所有参数(波频、波幅、相位角、航向角)，通过这些参数能得到施加到全船湿表面的波浪压力，即

$$P_i = A_i a_w \sin(\omega t_j + \varepsilon_i) \tag{2.41}$$

其中，P_i 为船体任意计算位置波浪压力瞬时值；ε_i 为波浪压力对应的相位角；t_j 为主要载荷参数达到极值的时刻。

2.3.4 整船有限元分析的载荷及其施加方法

在对全船结构进行有限元分析时，需要对其施加相应装载工况下的所有载荷。根据性质，载荷主要分为以下两类。

1. 静水载荷

静水载荷作为全船强度直接计算分析的一部分，施加到船体梁上进行受载的响应分析。静水载荷主要包括以下几大类。

(1) 空船重量。在整船有限元模型中，按照空船重量的分布曲线通过调整不同区域的材料密度系数可以实现实际的重量分布。对于局部质量较大的机电设备采用对相应布置区域的节点施加节点力的方式施加载荷，而一些次要的设备和机器也归入材料密度作用在相应区域的节点上。

(2) 舱内或甲板上的货物重量。根据实际装载工况，以分布载荷的形式施加到相应区域的单元上。

(3) 静水压力。根据相应计算工况的吃水，以分布载荷的形式作用于全船有限元模型的湿表面。

2. 水动压力和惯性力

船舶在波浪中航行时，由于波浪的作用，以及船舶的摇荡运动在船体的湿表面产生水动压力和相应船舶运动的惯性力，船体湿表面的水动压力值通过上节的计算公式可以确定，然后以分布载荷的形式作用于湿表面。船舶运动产生的惯性力可以通过对全船有限元模型施加设计波中的船体加速度分量实现。

2.3.5　边界条件

为了消除有限元模型的刚体位移，需要在艏艉处的相应节点施加位移约束条件，如图 2-39 所示。

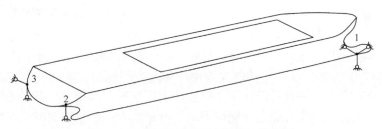

图 2-39　艏艉处相应节点的施加位移图

对艏端节点 1，施加纵向、横向、垂向线位移约束，即 $u_x = u_y = u_z = 0$。
对艉封板节点 2，施加垂向线位移约束，即 $u_z = 0$。
对艉封板节点 3，施加横向、垂向线位移约束，即 $u_y = u_z = 0$。

2.3.6　弯扭极限强度计算

通过前几节的计算分析，可以确定用于整船有限元直接计算分析的模型、设计波参数、边界条件，为整船弯扭极限强度的非线性有限元计算奠定基础。船体结构的极限强度与许多因素有关，除船体结构构件尺寸和布置的因素，船体梁的极限强度与整船的载荷分布有直接而密切的关系。以现有的船舶结构设计方法和技术，无法保证船体梁是一个等强度的结构。事实上，很多实际船舶不同区域结构的强度普遍都存在严重的差异，这就使不同形式的载荷分布下整船结构中薄弱区域的位置会有明显的区别，导致船体梁发生极限强度崩溃的过程中，破坏的起始位置会依据船体梁中载荷分布的不同而不同，并最终影响船体的极限承载能力。由此可见，通过设计波法确定施加到全船湿表面的波浪压力和全船惯性力的载荷处理能够最大限度地反映船舶在实际航行过程中波浪载荷的幅值及其在船体梁中的分布形式。船体梁的极限强度代表整船船体结构承受外载荷的最大能力，而通过设计波法确定的作用于船体梁的波浪诱导载荷只是船舶实际运营海域的最大长期预报特征值，并不一定能使船体结构到达自身的极限状态。比较而言，从设计波法获得的一个更重要的信息是船舶在实际波浪运动中全船的载荷分布，以在此载荷分布下结构的响应作为计算的初始状态。在此基础上逐步增加外载荷，直至船体结构发生整体崩溃。由此获得的计算结果能更加准确地反映船体结构在实际载荷分布作用下的真实破坏过程和极限承载能力，对船体结构设计和安全性的评估提出可靠、合理的意见。

利用非线性有限元软件 Abaqus 计算船体结构的弯扭极限强度。它是世界公认的对非线性问题的处理能力最突出的软件之一，具有强大的计算功能和广泛的模拟功能，能够对涉及多种非线性因素的复杂问题进行准确地仿真计算，并且拥有隐式、显式两种求解器，为解决不同的问题提供丰富而有效的手段。除此之外，该软件还具有功能丰富的对计算结果的后处理模块，用户可以根据需求输出多到上千种的结果变量，为分析计算结果、改进计算方法提供便利。下面阐述如何利用Abaqus 的多步分析功能进行基于全船有限元结构模型的弯扭极限强度的计算。

Abaqus 中的分析步模块功能允许用户对某个问题的仿真和计算划分为多个步骤和阶段来完成，并且可以在多个分析步中设置不同的边界、载荷条件来准确地模拟这些参数的改变。此项功能可为基于设计波方法的整船有限元模型弯扭极限强度的计算提供很好的解决途径。在得到船舶在实际运营过程中可能遇到的最危险情况下的设计波参数后，确定施加到全船湿表面上的波浪压力和全船惯性力，得到真实的整船载荷分布。在此载荷分布的基础上计算整船的弯扭极限强度能够更加准确地反映船体梁的真实强度储备和结构安全性。这是设计波法的最大特点和价值所在。因此，需要在整个计算过程中进行两个计算分析步骤。

(1) 静力分析。对全船有限元模型施加相应装载工况下的设计波，使船体梁中产生实际波浪条件下的载荷分布和波浪压力，在整船有限元模型中得到更加真实和准确的应力场和变形场分布，并作为计算船体梁弯扭极限强度的基准状态。

(2) Riks 分析。利用 Riks 弧长控制法对载荷增量大小、方向进行自动控制和加载，直至船体梁发生极限强度破坏，获得对应装载工况初始状态下的极限承载能力。

1. 纯弯极限强度

对实船和模型进行中垂状态下的纯弯极限强度分析，比较模型与实船的极限强度。采用壳单元进行模拟，可以减少计算时间，方便载荷收敛。单元网格采用1/2 肋位大小，并对舱口角隅处的网格进行细化。选定舱口宽度分别为船宽的 0.6、0.7、0.8，使分析涵盖常规船与大开口船形式，具有普遍性。实船和相似模型施加相同的边界条件，即左端固支，右端施加满足相似关系的弯矩或扭矩。不同开口宽度下的极限强度如表 2-6 所示。

表 2-6　不同开口宽度下的极限强度

工况	BH/B(舱口宽度/型宽)					
	0.6	误差/%	0.7	误差/%	0.8	误差/%
实船纯弯	328MN · m	—	1161MN · m	—	976MN · m	—
模型纯弯	5.19MN · m	4.43	4.53MN · m	4.64	3.78MN · m	5.56

可以看出，增加开口宽度，船舶纯弯极限强度降低；模型与实船纯弯工况下极限强度的最大误差不超过 10%，说明在单一荷载作用下，模型与实船的极限强度基本相似。

2. 不同工况下的极限强度

江海直达船由于大开口的存在，抗扭刚度较小，因此需要分析弯矩、扭转共同作用下的极限强度。结构模型的边界条件是左端固支，右端施加满足相似关系的弯矩和转矩荷载。先施加一定的扭矩，再逐步施加弯矩，直到极限状态。施加的扭矩包括波浪扭矩和货物扭矩，其中货物扭矩可由实船的弯扭强度计算报告得到。波浪扭矩取中国船级社(China Classification Society，CCS)规范公式中船舯剖面处的最大扭矩，即

$$T_{\max} = 0.06LB^{2.5}C_b(1.75 + 1.5) \tag{2.42}$$

其中，L 为规范船长；B 为船宽；C_b 为方形系数。

根据式(2-42)及弯扭强度计算报告，确定作用在实船上的最大扭矩 M_T，即

$$M_T = T_{\max} + T_c = 7.85 \times 10^4$$

根据相似关系，作用在模型上的最大扭矩为 320.4kN · m。然后，加大扭矩，用非线性有限元法计算结构模型的弯扭组合工况 2。不同开口宽度下结构模型的弯扭极限强度如表 2-7 所示。

表 2-7　不同开口宽度下结构模型的弯扭极限强度　　(单位：MN · m)

工况	BH/B(舱口宽度/船宽)		
	0.6	0.7	0.8
弯扭组合 1 (扭矩：7.85×10⁷N · m)	4.83	4.24	3.63
弯扭组合 2 (扭矩：7.85×10⁸N · m)	3.98	2.97	2.09

根据上述计算结果，可得不同舱口宽度下模型在各工况的极限载荷值随舱口宽度变化的曲线。不同开口宽度下模型的极值载荷如图 2-40 所示。

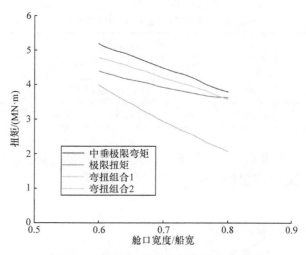

图 2-40 不同开口宽度下模型的极值载荷

根据上述计算结果可得以下结论。

(1) 模型与实船纯弯和纯扭工况下极限强度的最大误差不超过 10%，说明在单一荷载作用下，模型与实船的极限强度基本相似。

(2) 在保持其他结构形式，以及结构尺寸不变的情况下，增加开口宽度，使船舶弯矩、转矩，以及弯扭组合下的极限强度均降低。这主要是因为甲板开口变大降低了结构的抗弯刚度和抗扭刚度。

(3) 弯矩和转矩的组合作用会降低单一荷载下船体的极限强度，即结构在弯扭组合载荷的作用下，扭矩会降低结构在纯弯作用下的极限强度，而且随着扭矩的增大，降低程度越发明显。

(4) 从计算结果可以看出，弯曲极限强度和扭转极限强度相差不大，因此对于大开口船舶来说，仅从总纵极限强度的角度出发，忽略大开口造成的船舶扭转是偏危险的。

(5) 扭矩的存在使极限破坏区域发生改变。虽然扭矩的大小只是极限弯矩值的十分之一，但是由于扭矩的存在，舱段整个破坏模式变化。在纯弯时，模型的破坏为四个角隅处的破坏，而扭矩的存在使模型的破坏变为扭转受压的两个对角角隅处。

3. 弯扭极限强度

有限元计算模型的范围选取整个货舱区域的船体结构，根据网格大小对主要船体结构建立有限元模型。然后，按照等效设计法计算波浪载荷的步骤，对多个典型的装载工况进行波浪载荷的长期预报，确定能够产生等量波浪载荷峰值的等效设计波参数。对于本船型而言，研究它在弯扭组合载荷工况下的极限强度是计算的焦点，因此选取波浪扭矩和总纵弯矩作为两个主要关心的载荷控制参数，确定相应最危险工况的等效设计波，然后完成该船弯扭极限强度的计算。江海直达换代开发船型的载荷-位移曲线如图 2-41 所示。

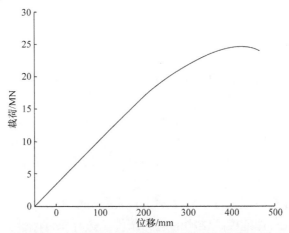

图 2-41　江海直达换代开发船型的载荷-位移曲线

曲线的峰值点载荷大小(单位：N)为

$$F_{\max} = 2.4916 \times 10^7$$

据此可以推算出本船在弯扭组合作用下发生极限强度破坏的极限弯矩值(单位：N·mm)，即

$$M_{\mathrm{ult}} = 2.4916 \times 10^7 \times 2 \times 21 = 104.65 \times 10^7$$

同时可还得到该模型在极限状态下的整体破坏模式，如图 2-42 所示。

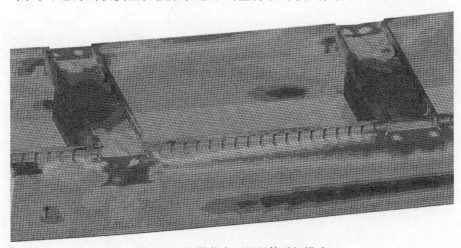

图 2-42　极限状态下的整体破坏模式

可以看出，模型在到达弯扭极限状态时，位于舱口角隅附近的甲板、舷侧板架结构发生整体屈曲破坏，导致模型失去继续承载的能力。这与之前模型试验中呈现的破坏模式是完全吻合的，再一次证实了在弯扭载荷联合作用下大开口船的极限状态的破坏特点。

2.4　本章小结

本章首先概述有限元法的作用与发展历程，并详细介绍材料非线性与几何非线性两类有限元法的非线性问题，以及非线性问题的分析方法，然后讨论箱型梁和江海直达船进行模型参数及敏感性分析，得出如下主要结论。

(1) 网格密度对极限强度有很大的影响，因此在网格较疏松时应该细化网格，但在网格足够致密时，细化网格对于改善模型效果不大，反而带来计算时间急剧增长的弊端。

(2) 边界条件对极限强度也有影响。在实际分析中，可以充分应用刚体约束和 MPC 的概念来合理地模拟结构的边界条件。边界条件刚性太大，会使整个结构刚度增加，极限强度也随之增大。

(3) 屈服应力对极限强度的影响基本呈线性关系。

此外，本章还对江海直达船进行了弯扭极限强度分析，分别对模型的选取范围、结构模型化、波浪载荷、载荷施加方法，以及边界条件作了详细分析。最后，通过计算弯扭组合的极限强度，再一次证实弯扭载荷联合作用下大开口船极限状态的破坏特点。

第3章 江海直达船舶结构极限强度模型试验与分析

3.1 概　　述

3.1.1 模型试验的背景及意义

船体结构的极限强度是合理、准确地评估和保证船体结构安全性与可靠性的重要指标。自从船体结构极限强度的概念被提出以来，船体结构极限强度的真实预报对于保证船舶在极限状态下的安全与可靠性就起到决定性的作用。船体结构极限强度的重要性与日俱增，已成为近几十年来船舶领域研究的焦点和热点[52,53]。模型试验方法在极限强度研究中发挥着重要的作用，一方面能从试验结果中直观地了解到某船型的结构破坏过程和极限强度，另一方面模型试验的结果为数值分析的方法和手段提供了一个真实、可靠的验证途径，从而对于提高数值分析结果的准确性与可靠性具有重要的意义[54]。

由于江海直达船需要跨江海航行，为了既能在内河航道中具有良好的操纵性和通航性，又能在海上航行时具有良好的航向稳定性和耐波性，同时还需要有较强的载货能力，从而提高船舶的经济效益，因此浅吃水肥大型船是目前江海直达运输船普遍采用的船型，而这对于结构的刚度和强度都是非常不利的。同时，为了提高货物装卸效率和运营经济效益，兼顾集装箱的装载能力，江海直达船型都具有长大开口的结构特点，舱口的宽度达到甚至超过船宽的 80%，舱口长度达到舱壁间距离的 90%，严重削弱了船体的扭转刚度，在货物不对称装载及斜浪情况下容易造成较大的扭转变形，同时在船体内引起较大的剪切应力[55]。此外，船体沿船长方向是变剖面的，在首尾两端具有甲板封闭的闭口段，所以在扭转的过程中还会产生翘曲应力，因此对于具有这样结构特点的江海直达船型而言，船体扭转强度已经上升到与总纵强度同等重要的地位，因此有必要对江海直达船型的弯扭极限强度进行计算分析与试验研究，归纳总结得到大开口船型弯扭组合极限强度的计算方法，为新船型的开发和设计提供有力的保障和准确的指导。

3.1.2 模型试验的内容

在船舶领域，由于实船体积过大，实船试验成本太高，加之非线性理论范围内的计算方法不精确，因此运用相似理论方法，通过缩尺比模型试验预报实船结构强度或验证计算理论就成为一种较为准确且成本适中的方法[56,57]。江海直达船型极限强度的分析与试验研究主要包含以下内容。

(1) 针对江海直达船型 B/D 大，甲板开口大的结构特点，选取实船各装载工况中最危险的弯扭组合工况，计及极限强度问题涉及的各种非线性因素的影响，在传统相似理论的基础上，研究能够运用试验结果预报实船非线性极限承载能力的弯扭极限强度试验模型的相似设计方法。

(2) 确定合理的钢制试验模型弯扭组合加载方式及其测试方案，完成弯扭极限强度的模型试验，获得试验模型的弯扭极限承载能力，以及在弯扭组合工况下到达极限状态时的破坏模式与破坏区域，确定对弯扭极限承载能力起决定性作用的关键结构区域位置。

(3) 弯扭组合工况下极限承载能力的非线性有限元计算方法研究。对比试验结果，对有限元模型关键区域的单元网格划分方式和单元网格大小的选取、载荷加载控制方式、边界条件等关键的计算参数进行系统地研究，在此基础上确定大开口船型弯扭极限强度非线性有限元计算方法。

(4) 运用相关规范中关于极限强度衡准的方法对典型的系列江海直达船型和换代开发船型的极限承载能力进行计算分析，掌握现有江海直达船型极限强度的安全储备裕量，指导换代开发船型的结构设计。

(5) 从提高大开口船型极限强度的角度出发，对新船型在设计阶段主尺度参数的选取进行系统地对比研究，确定极限强度对各参数的敏感程度，以及各参数的影响范围，为设计人员提供一组更合理、考虑更全面的参数起到促进作用。

船体结构模型试验是一种获取船体极限承载能力的有效手段，它比强度计算方法更为直观和详细。在试验过程中，可以清楚地记录船体结构从载荷施加到破坏每一过程的应力和变形。在没有适当的计算方法时，模型试验可作为唯一手段来验证结构的可靠性。在计算方法不成熟时，通过模型试验可以验证计算方法的有效性[58]。因此，船舶结构的很多研究成果都依赖模型试验的结果，模型试验的价值和意义的具体表现如下。

(1) 通过对钢质畸变模型进行极限强度试验并在试验获得的结果及有限元数值仿真计算的基础上，能够总结和掌握对于具有此类结构特点的同类船型的极限强度的模型试验方法和试验的关键技术路线，从而为今后的模型试验研究提供技术上的指导，能够为同类船型的模型试验更加高效、顺利地开展提供保证。

(2) 模型试验研究中有关船体结构总体崩溃的数值仿真计算是试验研究的一个重要组成部分。这个模块的具体工作包含对此类船型极限承载能力的仿真计算的参数化研究。根据该船型的结构特点，对数值仿真计算涉及的几大板块构成要素进行系统的量化分析计算，在大量参数化计算的基础上形成一套完整的、系统的、量化的有极限强度数值仿真计算方法和相关的具体计算要求。

(3) 经过上述的研究，能够确保与该船具有相同结构特点的船型在可能遭遇的极限状态下的极限承载能力做出比较准确的分析计算。这对于船体极限强度的衡准研究来说迈出了关键的一步。此外，设计衡准的另一方面是极限外载荷的确定，对于这一点，可以参照相关设计规范中对于载荷的有关说明和规定，并结合已有的实际资料来确定此类船型在使用过程中可能遭遇到的危险工况下的极限外载荷。两者都确定以后就能对船舶结构极限强度的衡准问题做出一个比较可靠的回答。

3.2　弯扭组合试验模型的相似设计

3.2.1　畸变模型相似理论基础

相似理论是人们在不断地探索自然界和工程界中相似现象的过程中总结出来的一门阐述相似现象原理和本质的科学理论。人们可以利用相似理论来指导模型试验设计，并将试验结果通过一定的相似准则关系式推广到其他相似现象中[59-61]。随着薄壁结构在工程设计中越来越多的应用，薄壁结构相似模型设计中遇到的厚度相似比系数的畸变问题给传统相似理论的应用带来巨大的挑战。在解决这一难题的过程中，传统相似理论在原有的基础上又取得长足的进步和发展，随之产生方向性量纲分析法。这一方法的理论基础就是对于薄壁结构，把厚度参数独立于其他线尺度参数，成为一个独立的基本量纲[62]。根据基本量纲的扩充原则，虽然它们同属于长度量纲，但是在薄壁结构中所起的力学作用是不一样的，因此对于薄壁结构的模型设计，要满足严格的几何全相似是无法实现的。在总结薄壁结构领域中的大量模型设计方法工作经验之后，通常所采取的合理的处理手段就是将线尺寸 L 和厚度 δ 同时作为相似分析时所选取的基本量纲。

综上所述，在薄壁结构的模型设计中，将线尺度 L 和厚度 δ 作为基本物理量的做法在理论上是成立的，并且理论的可靠性和准确性得到大量的试验验证。所以，在对此船进行模型设计时，分别选取线尺度 L、厚度 δ、力 F 作为量纲分析的基本物理量，可以得到基本量纲系统（$[F, L, \delta]$）。

3.2.2　模型设计的相似分析

根据极限强度试验的特点，在对江海直达船进行结构模型设计时采用量纲分析法进行相似分析，可以得到指导模型设计的相似准则关系式。

按照量纲分析方法的要求，首先分析整个试验涉及的主要物理量。

(1) 外力。直接作用在模型上的外力主要包括千斤顶产生的集中力，以及在模型的横剖面中产生的弯曲内力，包括剪力、弯矩、扭矩等。这里选用力 P 及力矩 M 作为其代表量。

(2) 内力。弯曲内力是剖面正应力和剪应力的合力。在结构静力试验中，可测量各向的正应力和剪应力，选取 σ 作为其代表量。

（3）材料特性。对于弹性模量 E、剪切模量 G、泊松比 μ，由于其中仅有两个是独立的量，因此选取 E、μ 作为代表量。

船体结构由加筋板组成，包含很多杆、梁结构，所以描述这些结构几何特征的物理量有杆、梁结构横截面的弯曲惯性矩 $I(I_X, I_Y)$；开口构件的自由扭矩惯性矩 I_S；约束扭矩惯性矩 I_W；闭口构件的自由扭矩惯性矩 I_b；闭域板厚中心线所围面积 A；线尺度 L；构件厚度 δ。

选定试验有关的主要物理量之后，可以进一步根据量纲分析法把描述这些物理量之间的关系写成一般函数式，即

$$f\left(\frac{M}{\sigma}, \frac{P}{\sigma}, E, \mu, A, I, I_S, I_b, I_W, L, \delta\right) = 0 \tag{3.1}$$

其中，M 为各向弯矩和扭矩的代表量；P 为各向外力的代表量；σ 为各向正应力与剪应力的代表量；E 为材料的弹性模量；μ 为材料的泊松比。

由式(3-1)可得如下量纲矩阵，即

$$
\begin{array}{c}
\quad\;\; \dfrac{M}{\sigma}\;\; \dfrac{P}{\sigma}\;\; A\;\; I\;\; I_S\;\; I_b\;\; I_W\;\; \mu\;\; E\;\; L\;\; \delta \\[4pt]
\begin{array}{c} F \\ L \\ \delta \end{array}
\left[
\begin{array}{ccccccccccc}
0 & 0 & 0 & 0 & 0 & 0 & 0 & 0 & 1 & 0 & 0 \\
2 & 1 & 2 & 3 & 1 & 3 & 5 & 0 & -1 & 1 & 0 \\
1 & 1 & 0 & 1 & 3 & 1 & 1 & 0 & -1 & 0 & 1
\end{array}
\right]
\end{array}
$$

对量纲矩阵进行初等变换可得

$$
\begin{array}{c}
\quad\;\; \dfrac{M}{\sigma}\;\; \dfrac{P}{\sigma}\;\; A\;\; I\;\; I_S\;\; I_b\;\; I_W\;\; \mu\;\; E\;\; L\;\; \delta \\[4pt]
\begin{array}{c} F \\ L \\ \delta \end{array}
\left[
\begin{array}{ccccccccccc}
0 & 0 & 0 & 0 & 0 & 0 & 0 & 0 & 1 & 0 & 0 \\
2 & 1 & 2 & 3 & 1 & 3 & 5 & 0 & 0 & 1 & 0 \\
1 & 1 & 0 & 1 & 3 & 1 & 1 & 0 & 0 & 0 & 1
\end{array}
\right]
\end{array}
$$

由此可以得到 π 矩阵，即

$$
\begin{array}{c}
\quad\;\; \dfrac{M}{\sigma}\;\; \dfrac{P}{\sigma}\;\; A\;\; I\;\; I_S\;\; I_b\;\; I_W\;\; \mu\;\; E\;\; L\;\; \delta \\[4pt]
\begin{array}{c} \pi_1 \\ \pi_2 \\ \pi_3 \\ \pi_4 \\ \pi_5 \\ \pi_6 \\ \pi_7 \\ \pi_8 \end{array}
\left[
\begin{array}{ccccccccccc}
1 & & & & & & & 0 & -2 & -1 \\
 & 1 & & & & & & 0 & -1 & -1 \\
 & & 1 & & & & & 0 & -2 & 0 \\
 & & & 1 & & & & 0 & -3 & -1 \\
 & & & & 1 & & & 0 & -1 & -3 \\
 & & & & & 1 & & 0 & -3 & -1 \\
 & & & & & & 1 & 0 & -5 & -1 \\
 & & & & & & & 1 & 0 & 0 & 0
\end{array}
\right]
\end{array}
$$

由此 π 矩阵可以写出各 π 关系式即相似准则的表达形式，即

$$\pi_1 = \frac{M}{\sigma L^2 \delta}, \quad \pi_2 = \frac{P}{\sigma L \delta}, \quad \pi_3 = \frac{A}{L^2}, \quad \pi_4 = \frac{I}{L^3 \delta} \tag{3.2}$$

$$\pi_5 = \frac{I_S}{L \delta^3}, \quad \pi_6 = \frac{I_b}{L^3 \delta}, \quad \pi_7 = \frac{I_w}{L^5 \delta}, \quad \pi_8 = \mu$$

由于 π_1 和 π_2 包含试验所需确定的物理量，即外力 P 和弯矩 M，因此是非定性的相似准则，而 $\pi_3 \sim \pi_8$ 没有包含任何不确定的物理量，因此是定性准则，是试验模型设计中应该遵循的相似准则。

由上述的 π 关系式可以得到系统的相似准则，C 表示相似比系数，即

$$\frac{C_M}{C_\sigma C_L^2 C_\delta} = 1, \quad \frac{C_P}{C_\sigma C_L C_\delta} = 1$$

$$\frac{C_A}{C_L^2} = 1, \quad C_I = C_L^3 C_\delta, \quad C_{I_S} = C_L C_\delta^3 \tag{3.3}$$

$$C_{I_b} = C_L^3 C_\delta, \quad C_{I_w} = C_L^5 C_\delta, \quad C_\mu = 1$$

3.2.3　模型试验相似条件的验证

量纲矩阵中的长度量纲在各物理量中的指数都是零，弹性模量 E 是材料的固有参数，与外力无关，所以就试验现象而言，外力的大小不会对试验的内在机理产生本质的影响，因此可以任意选取外力的大小。

π_4 是反映剖面弯曲几何特征的准则，在忽略横截面内的横向构材的自身惯性矩时，π_4 可以满足，即相似比系数 $C_I = C_L^3 C_\delta$ 成立。

π_5、π_7 与 π_3、π_6 分别表示开口剖面与闭口剖面扭转几何特征的相似准则，根据各自的物理方程，可以证明其相似条件自然满足。

π_8 是反映材料特性的准则，这是扭转问题的特征所要求的。当模型材料选用钢材时，相似条件 π_8 自然满足。

综上分析，$\pi_3 \sim \pi_8$ 的定性相似准则，即模型设计中的相似条件都能得到满足，那么根据结构模型静力试验所需满足的条件，还必须保证载荷、边界条件相似。对于载荷相似而言，在实验室的条件下要求模型载荷与实船载荷相似是不现实的，因为真实环境下的船舶会受到静水与波浪下的剪力与弯矩。在船舶结构设计时，虽然这些剪力与弯矩在全船范围内的大小与分布形式都可以得到，但是要在模型上实现这种抛物线形式的弯曲内力的分布，必须在整个模型范围内用密布的千斤顶产生均布载荷。显然，这种做法是不可行的，所以对于载荷相似而言，实际采用简化后的载荷分布形式来施加到模型上。对于边界条件的相似而言，在实验室中更加无法模拟船舶在水中实际运动的状态，所以在模型试验中只能保证模型的

边界条件尽量远离模型的核心区域，在两端的延伸段范围内施加边界条件，从而根据圣维南原理把边界条件对试验结果的影响降到最小。

根据相似准则，以及薄壁结构的相似分析，原型与模型之间的线尺度相似比系数 C_L 与厚度的相似比系数 C_δ 可以在满足实验室具体的试验条件及模型加工过程中工艺性的情况下分别取定。如此就能满足模型的几何相似。在材料性能方面，模型所用材料的弹性模量 E 和泊松比 μ 与原型相同。

在原型与模型的相似验证过程中，通过选取合适的载荷相似比系数可以满足模型与原型的应力大小和分布情况是基本相同的，根据 π_1 和 π_2 这两个相似关系式，可得

$$C_\sigma = \frac{C_P}{C_L C_\delta} = \frac{C_M}{C_L{}^2 C_\delta} \tag{3.4}$$

取载荷的相似比系数分别为

$$C_P = C_L C_\delta, \quad C_M = C_L^2 C_\delta \tag{3.5}$$

此时可以满足应力的相似比系数 $C_\sigma = 1$，如此就可以利用这样的关系验证实船与模型船之间的相似准确度。

3.2.4 模型弯扭试验相似准则的确定

鉴于江海直达船型具有大开口的船舶结构特点，其较弱的船体扭转刚度使船体在弯曲、扭转载荷联合作用下的极限承载能力成为研究的重点。为了运用试验模型在弯扭工况下的试验结果预报实船的极限承载能力，必须保证实船与试验模型在弯曲和扭转条件下结构响应的相似性。为了满足这一必要条件，利用量纲分析方法分别对实船与模型在弯曲和扭转状态下所需满足的相似准则进行推导，可以确定模型相似设计的依据和条件。

1. 弯曲相似准则的确定

根据弹性力学，描述船体梁弯曲时的基本微分方程为

$$\begin{cases} M = EI \dfrac{\mathrm{d}^2 v}{\mathrm{d}x^2} \\ \sigma = \dfrac{M}{I} y \end{cases} \tag{3.6}$$

把式(3.6)涉及的物理量可以写成一般函数式的形式，即

$$f\left(\frac{\sigma}{M}, \frac{v}{M}, I, L, E, t \right) = 0 \tag{3.7}$$

其中，M 为弯矩；σ 为弯曲应力；v 为扰度；I 为断面惯性矩；E 为弹性模量；t

为板厚；L 为除 t 外的其他几何尺寸。

利用矩阵分析方法可以得出如下量纲矩阵，即

$$
\begin{array}{c}
\quad\ \dfrac{M}{\sigma}\quad \dfrac{M}{y}\quad I\quad L\quad E\quad t \\[2mm]
\begin{array}{c} F \\ L \\ t \end{array}
\begin{bmatrix}
0 & 1 & 0 & 0 & 1 & 0 \\
2 & 0 & 3 & 1 & -1 & 0 \\
1 & 0 & 1 & 0 & -1 & 1
\end{bmatrix}
\end{array}
$$

对量纲矩阵作初等变换可得如下 π 矩阵，即

$$
\begin{array}{c}
\quad\ \dfrac{M}{\sigma}\quad \dfrac{M}{y}\quad I\quad L\quad E\quad t \\[2mm]
\begin{array}{c} \pi_1 \\ \pi_2 \\ \pi_3 \end{array}
\begin{bmatrix}
1 & 0 & 0 & -2 & 0 & -1 \\
0 & 1 & 0 & -1 & -1 & -1 \\
0 & 0 & 1 & -3 & 0 & -1
\end{bmatrix}
\end{array}
$$

由上面的 π 矩阵可得相似准则，即

$$
\pi_1 = \frac{M}{\sigma L^2 t}, \quad \pi_2 = \frac{M}{vLEt}, \quad \pi_3 = \frac{I}{L^3 t} \tag{3.8}
$$

则试验模型应该满足的弯曲设计准则为

$$
C_I = C_L^3 C_t \tag{3.9}
$$

由前两个非定性准则可得模型与实型之间弯曲正应力和挠度的相似换算关系，即

$$
C_\delta = \frac{C_M}{C_L^2 C_t}, \quad C_v = \frac{C_M C_M}{C_L C_E C_t}\frac{C_M C_M}{C_L} \tag{3.10}
$$

其中，$C_M = \dfrac{M_S}{M_m}$，S 和 m 分别代表实型和模型；$C_L = \dfrac{I_S}{I_m}$；$C_t = \dfrac{t_S}{t_m}$；$C_\delta = \dfrac{\delta_S}{\delta_m}$；$C_E = \dfrac{I_S}{I_m}$；$C_v = \dfrac{v_S}{v_m}$。

2. 扭转相似准则的确定

根据薄壁结构力学可知，对于船体梁在约束扭转时的结构响应可由以下的基本微分方程表达，即

$$
T = GI_t \frac{\mathrm{d}\theta}{\mathrm{d}Z} - EI_w \frac{\mathrm{d}^3\theta}{\mathrm{d}Z^3} \tag{3.11}
$$

$$\sigma_z^* = E\varphi_m \frac{\mathrm{d}^2\theta}{\mathrm{d}z^2} \tag{3.12}$$

$$\tau = \tau_t + \tau^* \tag{3.13}$$

$$\tau_t = \frac{GI_t}{2At}\frac{\mathrm{d}\theta}{\mathrm{d}z} \quad \tau^* = \frac{1}{t}\left(-Et\frac{\mathrm{d}^3\theta}{\mathrm{d}z^3}\int_\theta^s \varphi_m \mathrm{d}s + (\tau^* t)_0\right) \tag{3.14}$$

其中，φ_m 为扇形坐标；$(\tau^* t)_0$ 为积分常数。

式(3.14)涉及的物理量可以写成一般函数式的形式，即

$$f\left(\frac{\sigma_z^*}{T}, \frac{\theta}{T}, I_t, I_w, G, L, E, t\right) = 0 \tag{3.15}$$

其中，T 为扭矩，σ_z^* 为翘曲正应力；θ 为扭角；I_t 为自由扭转惯性矩；I_w 为约束扭转惯性矩；G 为剪切模量。

同理，利用矩阵法进行量纲分析可得五个独立的相似准则，即

$$\pi_1 = \frac{\sigma_z^* L^2 t}{T}, \quad \pi_2 = \frac{\theta E L^2 t}{T}, \quad \pi_3 = \frac{I_t}{L^3 t}, \quad \pi_4 = \frac{I_w}{L^3 t}, \quad \pi_5 = \frac{G}{E} \tag{3.16}$$

因为 E、G、u 线性相关，所以 $\pi_5 = \dfrac{G}{E}$ 等价于 $\pi_5 = u$（泊松比），则试验模型满足的设计准则为

$$C_{I_t} = C_L^3 C_t, \quad C_{I_w} = C_L^5 C_t \tag{3.17}$$

根据前两个非定性准则可得模型与实型之间翘曲应力和扭转角的相似换算关系，即

$$C_{\sigma_z^*} = \frac{C_T}{C_L^2 C_t}, \quad C_\theta = \frac{C_T}{C_E C_L^2 C_t} \tag{3.18}$$

通过对江海直达船在弯曲和扭转情况下的相似分析，运用量纲分析方法可以推导得到试验模型设计时所需满足的相似准则关系式。在此相似条件的指导下，能够保证实船与试验模型在弯扭组合的载荷工况下结构响应的相似性，进而确保运用模型试验结果预报实船极限承载能力的可靠性。同时，可以得到实船与模型之间弯曲正应力、弯曲挠度、翘曲正应力、扭转角的相似换算关系式，通过这些结构响应的相似关系式验证模型相似设计的准确性与合理性。

3.3　试验模型的相似设计

3.3.1　试验模型的选取范围

在确定试验模型设计相似准则关系式的基础上，需要根据江海直达船型弯扭

极限强度问题的特点确定合理的模型范围，从而既能确保获得准确、可靠的试验结果，又能简化模型的加工工艺，保证模型的加工质量。实验选取典型的具有长、大货舱开口的 12400 载重吨位(dead weight tonnage，DWT)的江海直达船作为研究的对象(图 3-1)。船舶甲板上的大开口会破坏强力甲板的连续性，严重降低船体的扭转刚度，使整个货舱区域成为波浪扭矩和静水扭矩的联合作用下全船最为薄弱、危险的区域。如图 3-2 所示，船舶静水弯矩的峰值也位于船中 0.4L 范围内，综合以上两点因素，对于类似具有甲板大开口结构特点的同类型船舶而言，船体梁的货舱区域是在船舶遭遇极限海况下最有可能首先发生破坏的位置，所以选取实船的整个货舱区域作为模型设计的范围(不考虑对整船的极限强度影响甚微的艏艉部分)。这一模型范围的选取不仅能够如实地反映船体梁在弯扭载荷工况下的极限承载能力，而且可以简化模型的加工工艺，保证模型加工的质量。

主尺度
总长 135.00m
设计水线长 128.00m
垂线间长 131.00m
型宽 22.60m
型深 8.60m
设计吃水 5.50m
结构吃水 6.30m
航速 11.3kn
主甲板梁拱 0.35m
其他甲板梁拱 0.20m

图 3-1　12400DWT 江海直达船

中拱最大静水弯矩包络线
中垂最大静水弯矩包络线
弯矩/(MN·m)
站
1000
900
800
700
600
500
400
300
200
100
−100
−200
−300
−400
−500
−600
−700
−800
−900
−1000
0 1 2 3 4 5 6 7 8 9 10 11 12 13 14 15 16 17 18 19 20

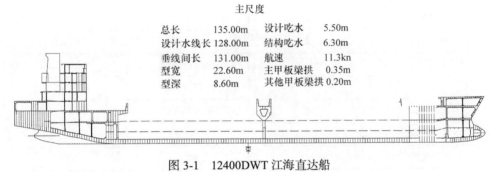

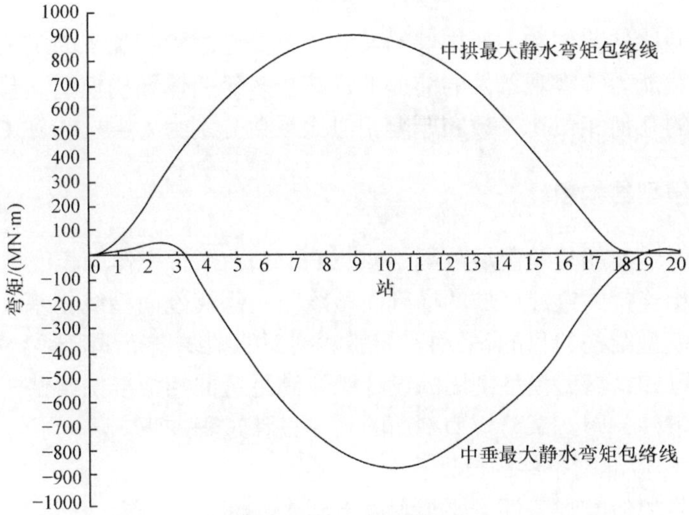

图 3-2　最大静水弯矩

3.3.2　试验模型相似比系数的确定

在薄壁结构的相似设计中，几何尺度相似比系数 C_L 与厚度相似比系数 C_t 是两个互相独立的参数，对这两个参数的选取直接影响模型的大小及其加工工艺性能，同时还必须兼顾实验平台的加载能力。在可行的范围内，应该尽可能地选取较小的缩尺比，最大限度地减小尺度效应对试验结果的影响。实船货舱区的总长为 83.3m、型宽为 22.6m、型深 8.6m。货舱区范围内的主要船体构件尺寸如表 3-1 所示。

表 3-1　货舱区范围内的主要船体构件尺寸

构件	尺寸/mm	构件	尺寸/mm
平板龙骨	20/14	舷顶列板	16/14
船底板	20/13/12	平台板	10
舭列板	14	顶边舱垂向列板	20
上甲板边板	20	顶边舱斜板	16
甲板板	12	底边舱斜板	16/14
内壳板	12	水密隔壁板	13/12/10
内底板	16	非水密旁桁材	11
中桁材	13	水密旁桁材	13
顶凳甲板	12	非水密肋板	11
舱口围板面板	20	水密肋板	13
舱口围板	14	舷墙	8

根据模型所选范围和主要构件的尺寸，充分考虑模型加工的工艺性，以及试验场地与加载能力等客观条件的前提下，结合多年船体结构模型试验的经验，最终确定模型的几何相似比系数和厚度相似比系数分别为 C_L=7：1 和 C_t=5：1。

3.3.3　试验模型结构设计

对于选取的实船货舱区域范围(Fr40～Fr159)，平行中体的长度占 76.8%，而且与艏艉部相连接的过渡区域的横剖面型线与中部横剖面型线相差甚微。为了达到简化试验模型结构的目的,采用实船船舯剖面的型线进行试验模型的相似设计。由相似分析可知，试验模型剖面的设计既要满足弯曲相似准则条件，又要符合扭转相似准则条件，因此试验模型剖面的具体设计过程如下。

1) 弯曲相似准则条件的设计

剖面弯曲相似准则条件主要包含以下两个方面。

(1) 剖面惯性矩相似，即

$$C_I = C_L^3 C_t$$

其中，C_I 为实船剖面与模型剖面的惯性矩相似比系数；C_L 为实船剖面与模型剖面的几何尺寸相似比系数；C_t 为实船剖面与模型剖面的板厚相似比系数。

在满足相似条件后，就能保证实船的船体梁与模型船体梁具有相似的弯曲刚度 EI，即

$$\frac{1}{\rho} = \frac{M}{EI} \tag{3.19}$$

在相似剖面弯矩的作用下，实船剖面与模型剖面之间存在相似比为 $C_\rho = C_E C_I / C_M$ 的弯曲变形。假定弯曲变形会在剖面中产生一个成线性分布的轴向应变 ε_i，即

$$\varepsilon_i = \frac{y_i}{\rho} \tag{3.20}$$

其中，ε_i 为剖面中不同位置处构件的应变；y_i 为剖面中不同位置处构件距离剖面中和轴的距离；ρ 为船体梁弯曲曲率半径。

由上述剖面中不同位置构件的应变计算公式可知，要使实船剖面与模型剖面中相应位置处构件的应变满足相似关系，必须满足第二个弯曲相似准则条件。

(2) 剖面中和轴高度相似，即

$$C_E = C_L$$

这样就能保证弯曲载荷条件下实船剖面与模型剖面的结构响应(弯曲正应力、弯曲挠度)满足如下相似关系式，即

$$C_\delta = \frac{C_M}{C_L^2 C_t}, \quad C_v = \frac{C_M}{C_L C_E C_t} \tag{3.21}$$

2) 扭转相似准则条件的设计

在满足弯曲相似准则条件的同时，还必须使实船剖面与模型剖面满足扭转相似准则条件，即

$$C_{I_t} = C_L^3 C_t, \quad C_{I_w} = C_L^5 C_t \tag{3.22}$$

其中，I_t 为自由扭转惯性矩；I_w 为约束扭转惯性矩。

3) 加筋板屈曲强度和失稳模式的设计

模型剖面在满足上述两类相似准则条件时，能够保证实船与模型船在弹性范围内结构响应的相似性。极限强度问题是包含几何非线性、材料非线性等在内的多种非线性因素影响的复杂问题。以现象相似的本质为出发点，为了使试验结果在非线性范围内能够预报实船极限承载能力，必须合理地选取模型中加强筋之间

的间距，以及加强筋的大小，使关键区域内实船与模型中相应的加筋板结构具有相似的屈曲强度和失稳模式，从而保证实船与模型船非线性阶段的相似性。

通过对具有甲板大开口船型的弯扭极限强度试验模型设计思路的探讨和研究可知，一方面要满足静强度试验所要求的相似条件，在相似理论的指导下确定试验模型设计的弯曲和扭转相似准则条件；另一方面要考虑极限强度问题非线性因素的影响，合理选取、布置模型中的加强筋使关键区域加筋板结构与实船相应区域的加筋板，使其具有相似的屈曲强度和失稳模式。弯扭极限强度模型设计流程如图 3-3 所示。

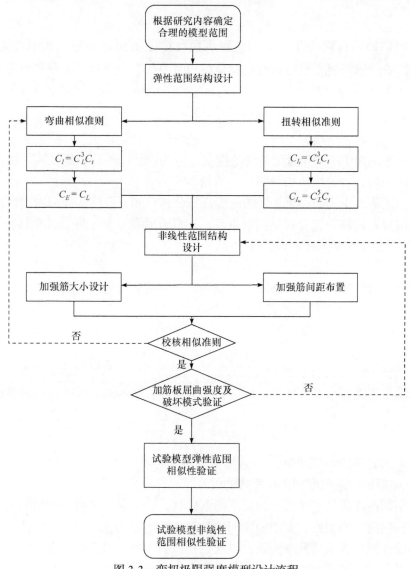

图 3-3　弯扭极限强度模型设计流程

1. 弹性范围结构设计

通过上述分析可得关于弯扭极限强度试验模型的设计流程,下面对模型剖面在弯曲相似准则和扭转相似准则的指导下进行弹性阶段的结果设计,使其满足相似准则条件的要求。试验模型横剖面结构如图 3-4 所示。实船横剖面结构如图 3-5 所示。

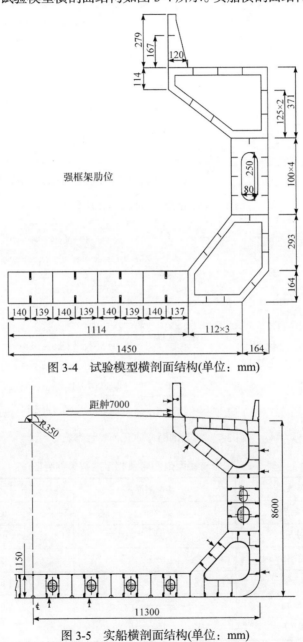

图 3-4 试验模型横剖面结构(单位:mm)

图 3-5 实船横剖面结构(单位:mm)

为了验证设计的模型剖面是否与实船剖面满足弯曲和扭转相似准则条件，初步选取模型剖面中构件的尺寸计算模型剖面的弯曲和扭转几何特性参数，即 I、e、I_t、I_w。

根据图 3-6 和图 3-7 中关于模型剖面与实船剖面弯曲几何特性参数的计算结果，对比弯曲相似准则的要求，可得表 3-2 所示的结果。

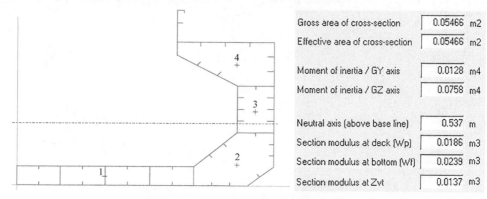

Gross area of cross-section	0.05466	m2
Effective area of cross-section	0.05466	m2
Moment of inertia / GY axis	0.0128	m4
Moment of inertia / GZ axis	0.0758	m4
Neutral axis (above base line)	0.537	m
Section modulus at deck (Wp)	0.0186	m3
Section modulus at bottom (Wf)	0.0239	m3
Section modulus at Zvt	0.0137	m3

图 3-6　模型剖面弯曲几何特性参数

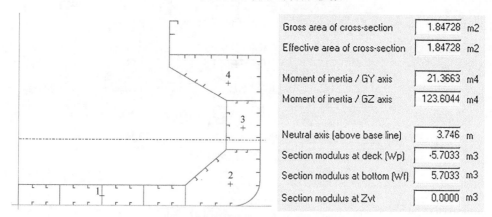

Gross area of cross-section	1.84728	m2
Effective area of cross-section	1.84728	m2
Moment of inertia / GY axis	21.3663	m4
Moment of inertia / GZ axis	123.6044	m4
Neutral axis (above base line)	3.746	m
Section modulus at deck (Wp)	-5.7033	m3
Section modulus at bottom (Wf)	5.7033	m3
Section modulus at Zvt	0.0000	m3

图 3-7　实船剖面弯曲几何特性参数

表 3-2　实船与模型剖面弯曲相似准则条件验证

几何特性参数	实船剖面	模型剖面
剖面惯性矩 I/m⁴	21.3663	0.0128
相似准则要求/m⁴	—	0.0125
惯性矩误差/%	—	2.4%
剖面中和轴高度 e/m	3.746	0.537
相似准则要求/m	—	0.535
中和轴高度误差/%	—	0.37

由此可知，试验模型剖面在弯曲载荷下与实船剖面具有良好的相似性，能够准确地反映实船剖面的结构响应。

在满足弯曲相似准则条件下，试验模型剖面还必须满足扭转相似准则的要求。模型剖面扭转几何特性参数如图 3-8 所示。实船剖面扭转几何特性参数如图 3-9 所示。

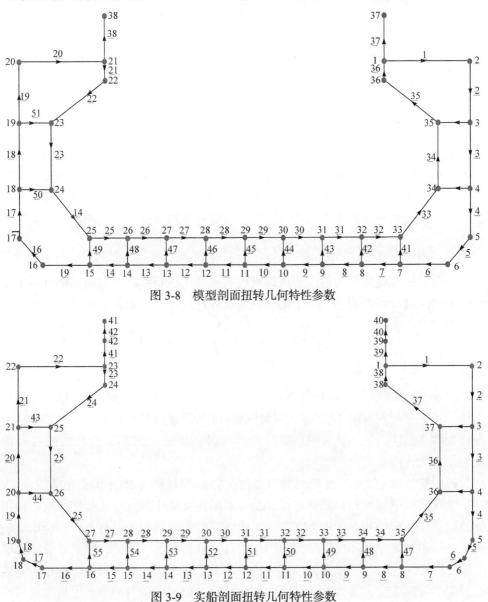

图 3-8　模型剖面扭转几何特性参数

图 3-9　实船剖面扭转几何特性参数

实船与模型剖面扭转相似准则如表 3-3 所示。

表 3-3　实船与模型剖面扭转相似准则条件验证

几何特性参数	实船剖面	模型剖面
剖面自由扭转惯性矩 I_t/m⁴	5.801	0.00349
相似准则要求/m⁴	—	0.00338
误差/%	—	3.25
剖面约束扭转惯性矩 I_w/m⁶	2131.513	0.0269
相似准则要求/m⁶	—	0.0254
误差/%	—	5.9

由此可知，试验模型剖面在扭转载荷下与实船剖面具有良好的相似性，能够准确反映实船剖面的结构响应。

综上所述，试验模型剖面在弯曲和扭转载荷工况下均满足相似准则条件的要求，如此就能保证弹性范围内的试验模型很好地预报实船的结构响应。

2. 非弹性范围结构设计

下面对试验模型与实船中受压区域的典型板架进行临界区域应力的计算来验证模型结构设计的合理性。为了得到板架临界屈曲应力，首先需要计算板架的欧拉屈曲应力，即

$$\sigma_E = \frac{\pi^2 EI}{fL^2} \tag{3.23}$$

其中，σ_E 为带板纵骨的欧拉屈曲应力；E 为材料弹性模量；I 为带板纵骨剖面惯性矩，其中带板宽度取 $b/2$，b 为纵骨间距；f 为带板纵骨剖面面积，计算 f 时带板宽度取 $0.5b(1+\varphi)$，φ 为带板欧拉应力与材料屈服应力的比值，当 $\varphi > 1$ 时取 $\varphi = 1$；L 为纵骨跨距。

得到欧拉应力之后，板架的临界屈曲应力 σ_{cr} 可按图 3-10 中的修正曲线确定。

由于具有甲板大开口结构特点，船体梁横剖面的中和轴靠近船底板架。当甲板结构受压，即船舶处于中垂状态时，船体梁处于最危险的载荷工况，所以试验选取的是船体受中垂和扭转载荷共同作用时的载荷工况。因此，需要对受压区域船体板架结构进行屈曲强度的校核。这里取上甲板边板、舷顶列板，即在船体梁横剖面中弯曲压应力最大的上翼板作为校核的对象。实船与模型上甲板边板与舷顶列板的临界屈曲应力如表 3-4 所示。

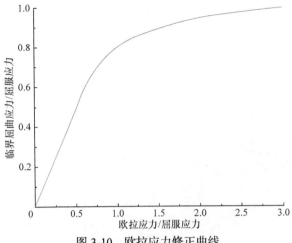

图 3-10　欧拉应力修正曲线

表 3-4　实船与模型上甲板边板与舷顶列板的临界屈曲应力

项目	上甲板边板临界屈曲应力	舷顶列板临界屈曲应力
实船/MPa	325.4	323.96
试验模型/MPa	294.8	289.7
误差/%	9.4	10.6

可以看出，模型与实船的上甲板边板、舷顶列板具有相近的临界屈曲应力，可以保证非线性阶段板架发生屈曲破坏时屈曲强度的相似性。

船体受压板架发生破坏的模式有多种，如梁柱屈曲破坏、加强筋之间板格的屈曲破坏、加强筋腹板的屈曲破坏、加强筋的侧倾破坏。加筋板的破坏模式如图 3-11 所示。

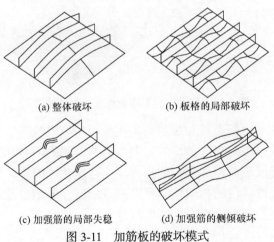

(a) 整体破坏　　　　　　　(b) 板格的局部破坏

(c) 加强筋的局部失稳　　　(d) 加强筋的侧倾破坏

图 3-11　加筋板的破坏模式

　　不同破坏模式的加筋板结构具有差别很大的屈曲极限强度，因此必须保证实船与模型的加筋板结构具有相同的破坏模式，同样取上甲板边板和舷顶列板作为加筋板极限状态破坏模式的分析对象，验证模型的结构设计是否满足此非线性设计条件。计算结果如图 3-12～图 3-15 所示。

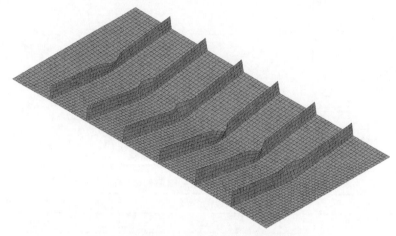

图 3-12　实船上甲板边板极限状态破坏模式

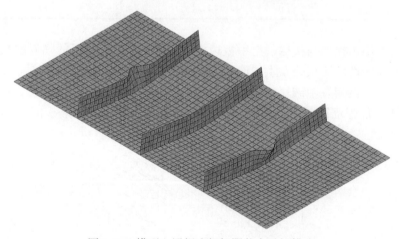

图 3-13　模型上甲板边板极限状态破坏模式

　　模型与实船的上甲板边板和舷顶列板在受压时极限状态下具有相同的破坏模式，因此两者在发生极限强度破坏的过程中将具有相同的破坏路径和崩溃过程。

　　通过模型受压区域典型加筋板的临界屈曲强度和极限破坏模式的分析，验证模型与实船在非线性阶段的相似性，可以进一步保证模型试验结果预报实船的可靠性和准确性，证明模型结构设计的可行性。

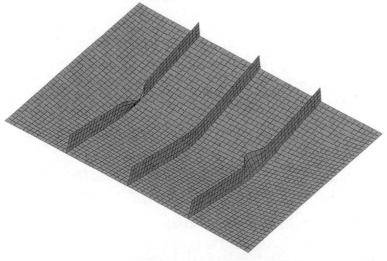

图 3-14　实船舷顶列板极限状态破坏模式

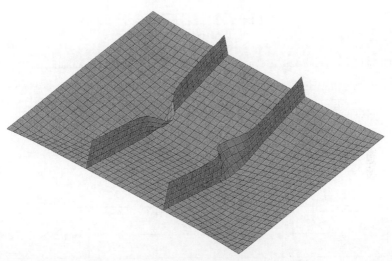

图 3-15　模型舷顶列板极限状态破坏模式

3.3.4　试验模型设计的相似性验证

1. 试验模型弹性阶段相似性验证

基于弯扭极限强度试验模型的设计思路，对选取的实船货舱区域进行相似模型设计，确定试验模型的典型结构图(图 3-16)。整个试验模型由两部分组成，中间货舱区域是按照相似模型的设计思路确定的试验核心段部分，同时基于对施加扭转载荷，以及边界条件的考虑，在核心段的两端分别设置两段结构尺寸加强的延伸段。

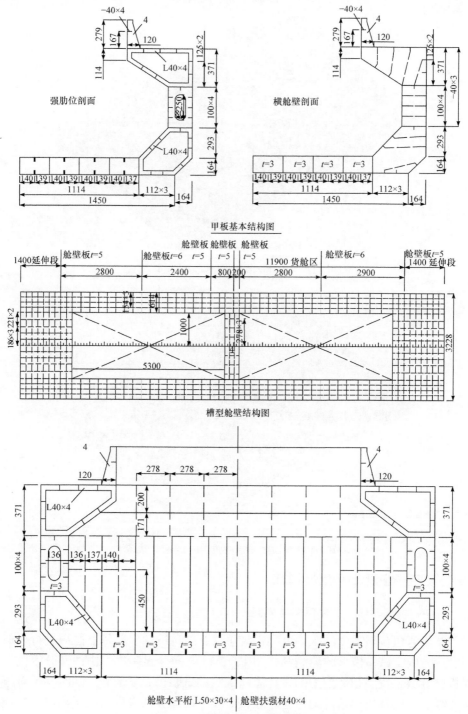

图 3-16　试验模型典型结构图(单位：mm)

　　为了进一步验证整个试验模型结构设计的合理性以及与实船在弹性和非弹性范围内的相似性，分别建立试验模型与相应的实船范围的有限元模型，进行线弹性结构响应和极限破坏模式的计算分析。

　　根据相似分析研究，当施加在实船与试验模型上的外载荷满足以下关系式时，即

$$C_M = C_L^2 C_t , \quad C_T = C_L^2 C_t \tag{3.24}$$

式中，C_M 为弯矩相似比系数；C_L 为长度相似比系数；C_t 为厚度相似比系数；C_T 为扭矩相似比系数。由量纲分析得到的实船与模型之间弯曲正应力和翘曲应力的相似准则关系式可知实船与试验模型之间将具有相同的应力大小和应力分布情况，即

$$C_\sigma = \frac{C_M}{C_L^2 C_t} = 1 , \quad C_{\sigma_z^*} = \frac{C_T}{C_L^2 C_t} = 1 \tag{3.25}$$

　　利用相似准则关系式可以验证试验模型与实船在弹性阶段范围内的相似性，因此分别对试验模型和实船施加成上述相似比的弯矩 M、扭矩 T，以及弯矩和扭矩同时作用下的线弹性结构响应进行计算，从而验证实船与试验模型在弹性范围内结构响应的相似性。

　　实船与试验模型的有限元模型如图 3-17 和图 3-18 所示。对实船与试验模型施加弯矩 M，验证相同位置剖面处的正向弯曲应力是否成相似比。因此，选取实船与试验模型相应位置处的横剖面，对沿图 3-19 和图 3-20 所示的路径上不同垂

图 3-17　实船有限元模型

图 3-18　试验模型有限元模型

向位置的节点的应力分布作相应的应力分布曲线，得到的横剖面中的正向弯曲应力分布的节点路径如图 3-21 和图 3-22 所示。

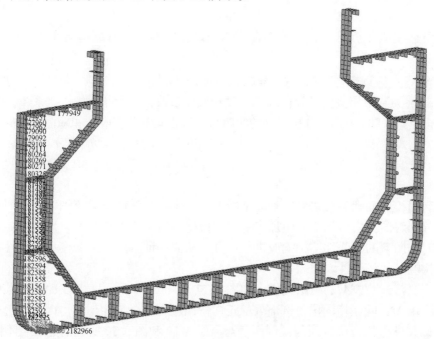

图 3-19　实船剖面显示应力分布的节点路径

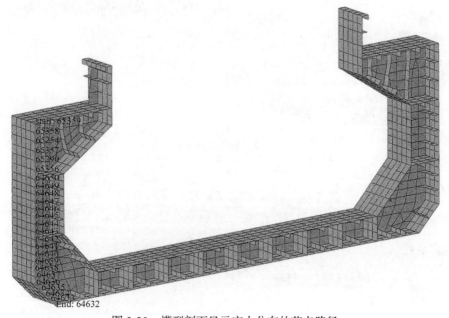

图 3-20　模型剖面显示应力分布的节点路径

按照图 3-19 和图 3-20 显示的路径,不同高度位置处的节点应力显示如图 3-21 和图 3-22 所示。

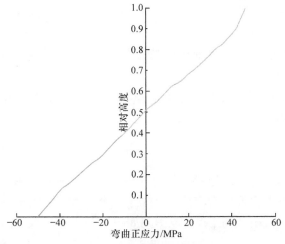

图 3-21 实船剖面节点应力分布

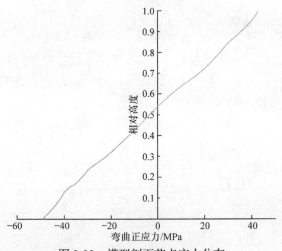

图 3-22 模型剖面节点应力分布

可以看出,两者在相似的弯矩载荷作用下有一致的应力分布情况。同时,实船与试验模型弯曲挠度如表 3-5 所示。

表 3-5 实船与试验模型弯曲挠度

项目	最大弯曲挠度/mm
实船	84.22
试验模型	11.72

项目	最大弯曲挠度/mm
相似准则要求	12.03

由此可知，实船与试验模型在相似载荷作用下的弯曲挠度在误差许可的范围内，满足相似准则的要求。

下面验证两者在纯扭状态下的结构响应是否满足相似准则的要求，利用相似准则，即

$$C_{\sigma_z^*} = \frac{C_T}{C_L^2 C_t} \ , \quad C_\theta = \frac{C_T}{C_E C_L^2 C_t} \tag{3.26}$$

当对实船与模型施加的扭矩相似比满足 $C_T = C_L^2 C_t$ 时，两者具有相似的翘曲正应力和扭转角，可以验证两者在扭转状态下的相似性，因此对实船与试验模型施加成上述相似比的扭矩载荷 T，可以得到如图 3-23～图 3-26 所示结果。

图 3-23　实船翘曲正应力大小及分布

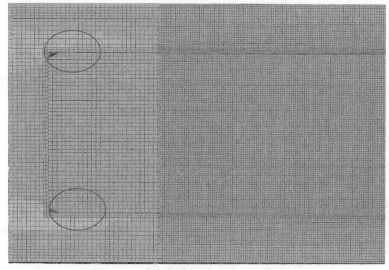

图 3-24　实船翘曲正应力峰、谷值位置

图 3-25　试验模型翘曲正应力大小及分布

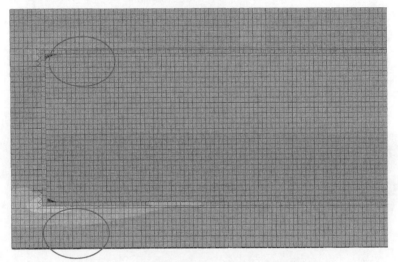

图 3-26　试验模型翘曲正应力峰、谷值位置

由此可知，在相似扭矩作用下实船与试验模型之间具有相似的翘曲正应力分布和大小，并且翘曲正应力的峰值都处于舱口角隅处。实船与试验模型舱口扭转角如表 3-6 所示。

表 3-6　实船与试验模型舱口扭转角

项目	舱口扭转角/rad
实船	0.0007039
试验模型	0.0006771

由实船与试验模型中翘曲正应力的大小、分布，以及舱口扭转角的分析可知，实船与试验模型在相似扭矩载荷作用下满足相似准则的要求。

经过对实船与试验模型在纯弯、纯扭状态下的结构响应相似性的验证，可以证实两者在弹性范围内相似载荷作用下具有相似的结构响应，说明试验模型结构设计的合理性。为了进一步验证弯扭组合载荷工况下实船与试验模型的相似性，分别对两者施加成相似比的中垂弯曲载荷和扭矩。图 3-27 和图 3-28 再次证明实船与试验模型在弯扭组合载荷情况下确实具有相似的结构响应。

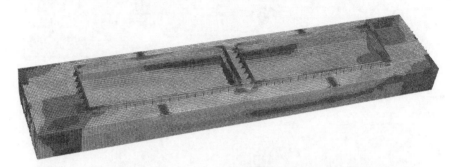

图 3-27　试验模型线弹性范围内弯扭载荷工况应力云图

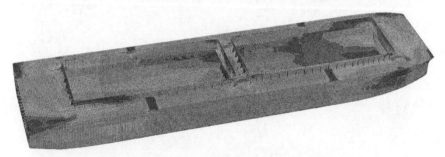

图 3-28　实船线弹性范围内弯扭载荷工况应力云图

2. 试验模型非弹性阶段相似性验证

在相似理论基础上确定的试验模型结构设计方案只能保证在弹性范围内实船与试验模型的相似性。极限强度问题包含多种非线性因素的影响，同时基于结构稳定性理论可知，对船体梁的极限承载能力起决定性作用的是作为船体梁最基本的结构组成单元，即加筋板结构在受压时的屈曲强度和破坏模式。因此，基于以上两点因素，为了实现实船极限承载能力的预报，必须确保实船与试验模型之间具有相似加筋板的失稳破坏模式和整体崩溃过程，这样才可能满足非线性阶段结构响应的相似性。本节对实船和试验模型在相同边界条件和加载方式下发生整体崩溃的过程，以及最终对极限状态破坏模式进行非线性有限元的计算分析，通过对比两者的计算结果，验证试验模型结构设计方案是否满足预报实船弯扭极限强度的基本条件。图 3-29 和图 3-30 为实船与试验模型有限元模型。

为了验证上述模型的结构响应在发生极限强度破坏过程中的相似性，对两者施加相同的边界条件和载荷形式，分别对实船和试验有限元模型进行弯扭极限强度的计算。图 3-31 和图 3-32 为实船与试验模型弯扭载荷加载方式。

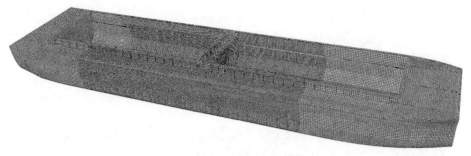

图 3-29 实船有限元模型

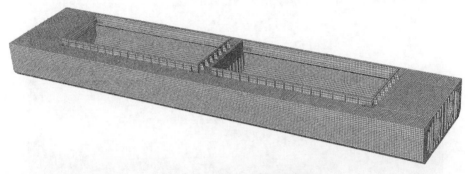

图 3-30 试验模型有限元模型

图 3-31 实船弯扭载荷加载方式

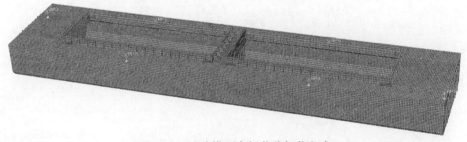

图 3-32 试验模型弯扭载荷加载方式

在保证两者具有相同边界条件和载荷形式的前提下，能够通过计算结果验证结构响应的相似性，从而对试验模型结构设计方案的合理性做出正确的判断，为基于试验结果的实船极限强度预报奠定基础，同时能够让模型试验真实地反映实船发生极限强度破坏的整体崩溃过程和破坏特点。

　　通过对两者进行非线性有限元计算，可以得到实船与试验有限元模型在弯扭载荷联合作用下发生极限强度破坏过程和最终极限状态破坏模式。由于对两者施加了相同的边界条件和加载方式，因此能够借助对两者载荷-位移曲线计算结果的分析，以及最终极限状态破坏模式的比较对其结构在非线性阶段的结构响应特点的相似性作出正确的判断。两者的极限状态破坏模式如图 3-33～图 3-36 所示。

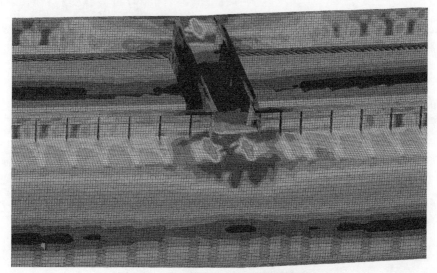

图 3-33　实船模型的极限状态破坏模式

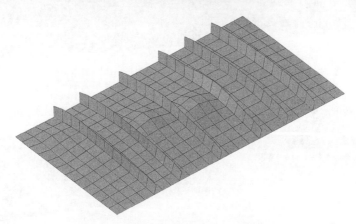

图 3-34　实船模型甲板板架的破坏模式

　　可以看出，两模型在各自的弯扭极限状态下都以甲板上翘曲压应力最大位置处舱口角隅的甲板板架发生整体破坏为特点，并且两者甲板板架的破坏模式都是以纵骨间板格的屈曲为诱因最终发展成板架的整体失稳破坏。这充分说明模型的结构设计的确能够真实地反映实船发生极限强度破坏的特征，证实了模型结构设

图 3-35　试验模型的极限状态破坏模式

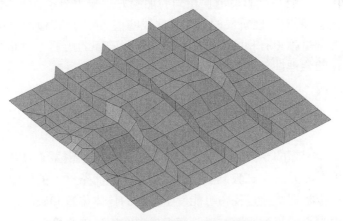

图 3-36　试验模型甲板板架的破坏模式

计的合理性。由此可见，对于包含多种非线性因素的极限强度问题必须在相似准则的基础上对结构尺寸和布置做必要的调整，使模型的结构设计方案能够体现极限强度问题的特点，满足实型与试验模型之间极限状态破坏模式的相似性。

　　除了要保证实船与模型之间具有相似的极限状态破坏模式，在整个加载过程中，能够如实体现整体结构刚度变化趋势和走向的载荷-位移曲线也是用来衡量两者结构响应是否满足相似性的重要参考依据。整体结构刚度的变化是加载过程中船体构件逐步发生破坏所致的，要使试验结果能够用于预报实船的破坏模式和极限承载能力就必须保证实船和试验模型在发生极限破坏的过程中具有相似的崩溃路径和方式，恰恰是载荷-位移曲线能够实时反映船体梁在受到不断增大载荷的过程中结构响应和整体刚度的变化。实船、试验模型的 LPF-ARC 曲线如图 3-37 所示。

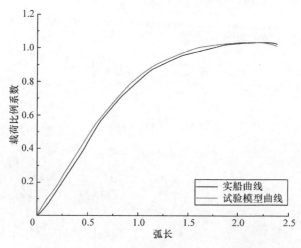

图 3-37　实船、试验模型的 LPF-ARC 曲线

可以看出，实船与试验模型在相同的加载方式和边界条件下构成 LPF-ARC 曲线的基本要素特点(弹性阶段的斜率、曲线峰值点)都是相似的。这充分说明，两者在整个加载过程中有相同的结构响应和崩溃破坏的历程，因此可以验证试验模型结构设计的合理性与可靠性。

3.4　试验模型弯扭极限强度的非线性有限元分析

在完成试验模型的相似设计之后，为了更好地指导模型试验方案的确定，需要利用非线性有限元法对试验模型在试验边界和载荷条件下的极限破坏过程进行仿真计算，初步掌握试验过程中可能发生破坏的具体位置和破坏形式，进而指导试验模型应力测点的布置，同时能够获得模型发生极限强度破坏所需的极限外载荷的上限值，确定试验载荷加载系统的配置方案[63]。此外，还有非常重要的一点，通过对试验模型极限强度进行非线性有限元计算，来检验试验模型设计方案的合理性和可靠性，确保模型极限状态的破坏模式相对于模型的载荷条件是合理的，不会因模型结构设计的不合理导致破坏发生在载荷加载或边界条件施加处。因此，这一步工作对模型试验的成败有至关重要的作用。

3.4.1　试验有限元模型的载荷施加

试验目的是研究大开口江海直达船在最大静水扭矩和波浪扭矩联合作用下发生中垂极限状态破坏时的极限承载能力，因此在试验模型两端面底部对角线位置处分别布置一个刚体支座。另外，在相应的另一舷的甲板上布置载荷加载位置，从而在模型的两个端部产生方向相反的一对扭矩。两端面支座条件和扭转载荷加载位置如图 3-38 和图 3-39 所示。

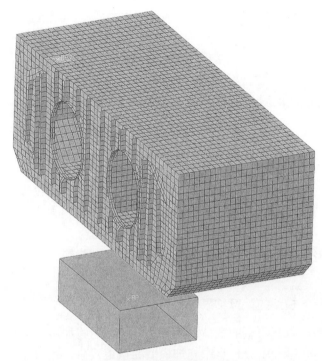

图 3-38 左端面支座条件和扭转载荷加载位置

对于中垂弯曲载荷的施加则采用四点弯曲的加载原理，在模型中部货仓区域

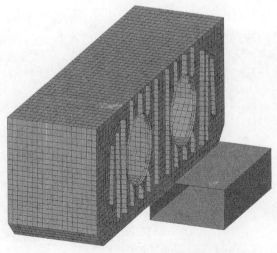

图 3-39 右端面支座条件和扭转载荷加载位置

的对称舱壁位置处设置中垂弯曲载荷的加载点，从而使有限元模型中的载荷分布与实际成近似梯形分布的载荷相似。中垂弯曲载荷的加载方式如图 3-40 所示。

图 3-40　中垂弯曲载荷的加载方式

3.4.2　试验有限元模型的边界条件

对于有限元模型边界条件，在试验模型两端面底部对角线位置处分别布置一个刚体支座(图 3-38 和图 3-39)。刚体与试验模型之间采用主从面罚函数算法的法向硬接触关系，切向属性则选取库仑摩擦模型的接触关系，在采用边界条件的施加方法之后能够最大限度地保证有限元计算模型与试验模型之间边界条件的一致性和真实性。

3.4.3　试验有限元模型的计算结果分析

在确定试验有限元模型的载荷加载和边界条件的施加后，把整个分析过程分为两个分析步，在第一个分析步中施加模型的扭矩载荷，然后在第二个分析步中利用 Riks 弧长控制法对模型在中垂弯曲载荷作用下的极限承载能力进行计算分析。初始屈曲发生位置如图 3-41 所示。

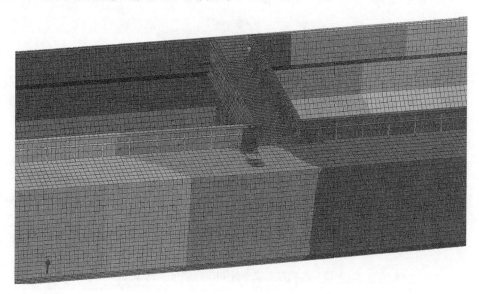

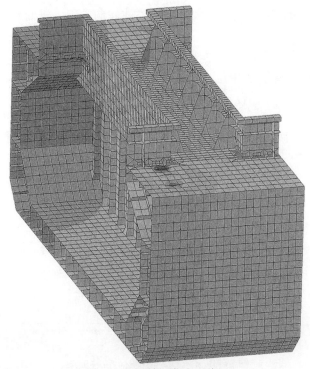

图 3-41　初始屈曲发生位置

　　如图 3-41 所示，位于翘曲压应力的舱口角隅位置处的甲板板首先发生加强筋之间板格的屈曲。随着中垂弯曲载荷的不断增大，此处的破坏程度逐渐加大，最后导致整个模型失去继续承载的能力。

　　如图 3-42 所示，在模型达到极限破坏状态时，两处位于翘曲压应力位置处舱

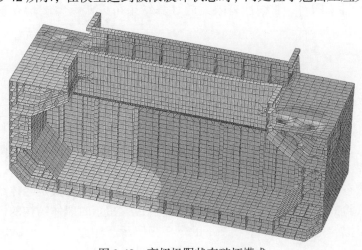

图 3-42　弯扭极限状态破坏模式

口角隅附近的甲板板都发生了较大程度的整体屈曲失稳，进而导致试验模型的整体崩溃。

　　如图 3-43 所示，模型在中垂极限状态时的极限外载荷为 413496N，由此可以确定模型的中垂极限弯矩(单位：kN·m)为

$$M_{\text{UF}}=2 \times 413496 \times 4.1=3390.667 \tag{3.27}$$

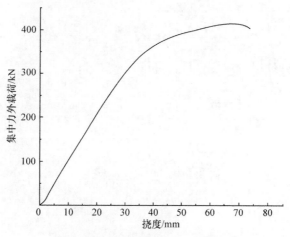

图 3-43　有限元模型载荷-位移曲线

　　同时，根据此模型结构设计方案能使模型发生极限状态破坏的外载荷的同时，还可以确定模型试验加载系统加载能力的大小。

　　从上述对计算结果的分析可知，试验模型设计方案在试验边界、载荷条件下能够反映出极限弯扭载荷作用下结构破坏的特点，说明该模型设计方案的合理性和可行性。同时，非线性有限元的计算结果可以对模型试验方案的确定提供指导。

3.5　弯扭极限强度试验

　　江海直达船型为了达到提高货物的装载效率，以及装载集装箱的目的，一般都具有长、大的甲板大开口。这样会导致整个船体梁的扭转刚度大大降低，使其在航行过程中，当受到静水扭矩、波浪扭矩、中垂弯矩的联合作用时，船体达到最危险的状态。此时，船体的弯扭极限承载能力的大小直接决定船体结构的安全性，因此试验的主要目的就是获得船舶在遭遇最大扭矩时船体结构的极限承载能力。试验模拟的是船舶在中垂状态下的弯扭极限承载能力。

3.5.1　模型施加扭矩的计算

船舶在波浪中航行时由波浪引起的载荷具有一定的概率分布，作用在船体上的波浪弯矩或扭矩可由水动力学的方法计算得到。例如，基于二维切片理论的方法或基于三维势流理论的方法，但是这种直接计算比较复杂，而且工作量巨大，在实际应用中存在一定的困难，因此各主要船级社规范中都给出了波浪载荷的计算公式，适用于在结构设计和强度校核时使用，具有一定的精确度。这里波浪扭矩的计算选取 CCS 规范中船中剖面处的最大扭矩(单位：kN·m)计算公式，即

$$T_{\max} = 0.06LB^{2.5}C_b\left(1.75+1.5\frac{Z_s}{D}\right) \tag{3.28}$$
$$= 27336.31$$

其中，L 为规范船长；B 为船宽；D 为型深；Z_s 为剪切中心距离基线的距离；C_b 为方形系数。

除了最大波浪扭矩，作用在船体上的扭矩还包含货物、消耗品、压载水等在横向的不对称分布所产生的货物扭矩 T_c。它可由实船的弯扭强度计算报告得到，至此就能确定作用在实船上的最大扭矩 M_T，即

$$M_T = T_{\max} + T_c \tag{3.29}$$

根据实船与试验模型间扭矩的相似准则 $C_T = C_L^2 C_t$，可以确定作用在模型上的扭矩 M_{Tm}(单位：kN·m)，即

$$M_{Tm} = \frac{M_T}{C_L^2 C_t} = 320.4 \tag{3.30}$$

在试验过程中，预先施加作用于试验模型的扭矩，然后逐步增加中垂弯曲载荷，使模型最终发生中垂状态下的弯扭极限破坏。

3.5.2　试验模型弯扭加载

为了对试验模型施加扭转和弯曲载荷，如图 3-44 所示，在试验模型两端的延伸段区域通过液压油缸和船底的支座形成力偶，从而在试验模型船体梁中产生线性分布的扭矩。弯曲载荷的施加通过加厚处理的横舱壁处对称地布置液压油缸，从而在试验模型船体梁中形成梯形分布的弯矩。如图 3-45 所示，此形式分布的试验模型船体梁的中垂弯矩能够近似地模拟实船中最大中垂弯矩包络线的分布情况。

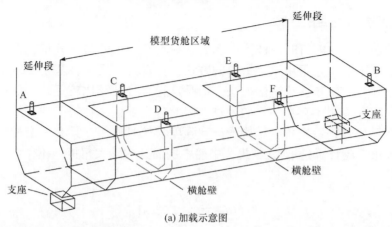

(a) 加载示意图

(b) 实际情况

图 3-44　试验模型弯扭加载图

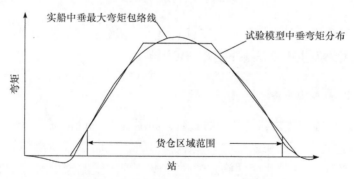

图 3-45　实船与试验模型中垂弯矩分布图

3.5.3　试验模型测点布置

为了监控试验过程中模型关键区域的应力变化，在整个模型中布置 123 个测点，其中 114 个 45°三向应变片，9 个单向应变片，如图 3-46～图 3-48 所示。

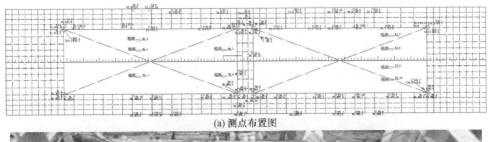

(a) 测点布置图

(b) 测点实际布置情况

(c) 测点信号线

图 3-46　甲板应力测点布置图

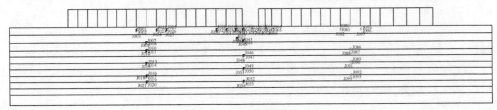

(a) 测点布置图

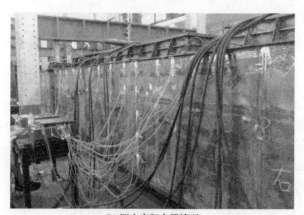

(b) 测点实际布置情况

图 3-47　右舷应力测点布置图

(a) 测点布置图

(b) 测点实际布置情况

图 3-48　左舷应力测点布置图

3.5.4　试验模型挠度和转角测试

　　试验模型施加的是弯扭组合载荷。为了测量试验过程中弯曲挠度和扭转角的变化，在模型底部左右对称地布置 12 个百分表来测量弯曲挠度，并在模型的端面布置全站仪来测量模型在加载过程中的转角变化。百分表的布置图如图 3-49 所示。端面转角测点图如图 3-50 所示。

3.5.5　试验加载方案

　　试验的目的是获得试验模型在中垂状态下发生弯扭极限破坏时的载荷大小及

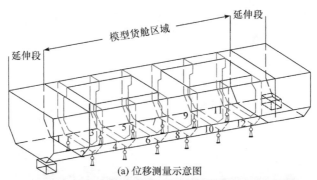

(a) 位移测量示意图

(b) 位移测量实际情况

图 3-49　百分表布置图

图 3-50　端面转角测点图

破坏模式，因此最终的极限破坏加载方案是中垂状态下的弯扭加载。试验模型在制造过程中会由焊接的热影响区导致模型中存在残余应力，因此为了获得更加准确的试验结果，在极限破坏加载之前需要对模型在弹性范围内反复地进行预加载、卸载，从而到达消除残余应力的目的，同时能够调试加载与测试系统的工作状态达到最佳状况。

先对试验模型进行纯扭工况下的弹性范围预加载、卸载，此时施加弯曲载荷的位于试验模型中部的油缸不工作(图 3-51)。

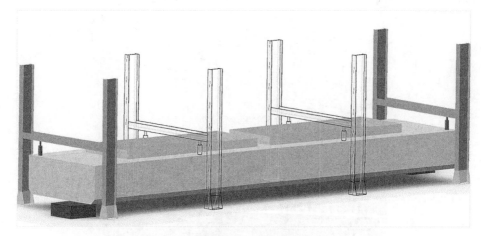

图 3-51 纯扭载荷工况的预加载、卸载

在完成纯扭状态下预加载、卸载阶段后，对试验模型进行弹性范围内弯曲载荷下的预加载、卸载，此时位于试验两端延伸段的油缸不工作(图 3-52)。

图 3-52 纯弯载荷工况的预加载、卸载

经过以上两种载荷工况下弹性范围内的预加载、卸载之后，通过查看试验测点的数据排除和坏点修复，进一步调试加载和测试系统，为极限破坏的加载阶段做好准备。

对试验模型进行极限破坏的加载，首先对试验模型施加实船在航行过程中遇到的最大扭矩的相似换算值，然后逐级递增地施加弯曲载荷，直到模型发生极限破坏。极限破坏加载如图 3-53 所示。

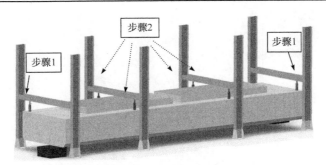

图 3-53　极限破坏加载

3.6　试验结果处理与分析

在弯扭极限破坏加载阶段，随着载荷的逐步增大，舱口角隅附近翘曲压应力较大位置处上甲板边板首先发生板格的屈曲失稳，然后达到极限状态。此区域的加筋板板格发生整体的失稳破坏，而且失稳破坏的区域也由甲板边板扩展到相邻的舷侧板格上。伴随这一现象的发生，试验模型失去继续承载的能力，获得试验模型在弯扭状态下的极限承载力。在整个极限破坏加载的过程中，每递增一次载荷大小，都会记录对应的应变测点和百分表的读数值，获得试验模型中关键区域的应力变化，分析破坏的起始位置和对应的载荷大小。

3.6.1　弹性范围内纯弯预加载

在此加载阶段只对试验模型施加弹性范围内的弯曲载荷，通过挠度测点和应力测点获得试验模型中结构响应的变化。1～12 号百分表数值如图 3-54 所示。

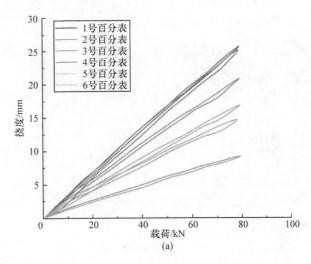

(a)

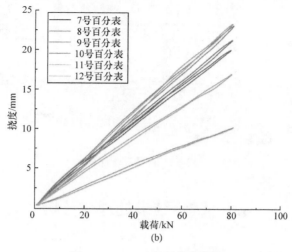

(b)

图 3-54　1~12 号百分表数值

可以看出，各百分表在加载段与卸载段相同载荷大小下具有同样的挠度值，百分表读数具有良好的重复性，而且在弹性范围内比较明显的线性变化也充分说明百分表测点良好的工作状态。

在测量试验模型挠度变形的同时，可通过布置在模型上的应变测点监测弹性范围内纯弯加载和卸载时模型的应力变化与分布，选取模型中几个关键位置测点的载荷-Mises 应力曲线(图 3-55)。对于 45°三向应变片的主应力和 Mises 应力的计算，可由下述公式确定，即

$$\sigma_{1,2} = \frac{E}{2} \left[\frac{\varepsilon_{0°} + \varepsilon_{90°}}{1 - \mu} \pm \frac{1}{1 + \mu} \sqrt{(\varepsilon_{0°} - \varepsilon_{90°})^2 + (2\varepsilon_{45°} - \varepsilon_{0°} - \varepsilon_{90°})^2} \right] \quad (3.31)$$

其中，σ_1 为最大主应力；σ_2 为最小主应力；$E = \sqrt{\sigma_1^2 + \sigma_2^2 - \sigma_1\sigma_2}$。

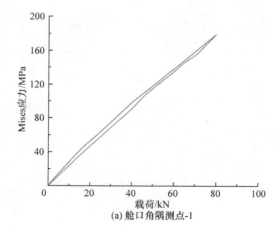

(a) 舱口角隅测点-1

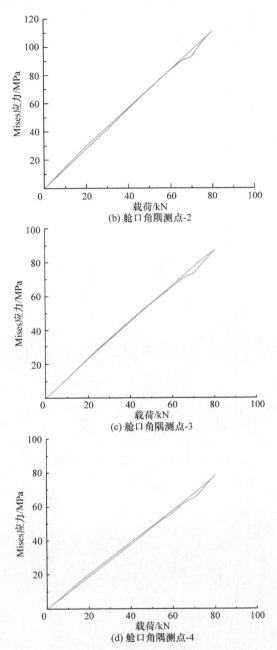

图 3-55　1 号舱四个舱口角隅处测点的载荷-Mises 应力曲线

　　通过对比几个关键区域应变测点的读数大小发现，除了两货舱开口的舱口角隅处的应力存在较大应力集中现象，其他区域测点的应力值远小于角隅位置的应力值。

　　为了验证试验模型剖面的中和轴高度是否与设计值相同，选取右舷沿着高度方向均匀分布的 5 个测点，以及船底板上的测点作为研究对象(图 3-57)。

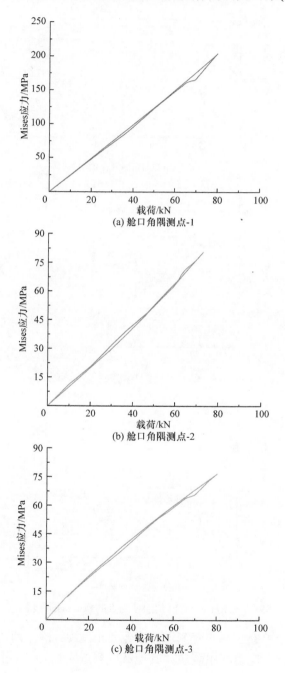

(a) 舱口角隅测点-1

(b) 舱口角隅测点-2

(c) 舱口角隅测点-3

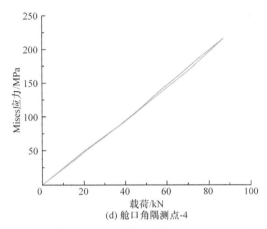

(d) 舱口角隅测点-4

图 3-56　2 号舱四个舱口角隅处测点的载荷-Mises 应力曲线

图 3-57　右舷沿型深方向均匀分布的测点

选取三个载荷，即 30kN、65kN、80kN，做出相应 6 个测点的 Mises 应力值沿高度方向的分布曲线，图 3-58 所示。

可以看出，在弹性范围内，不同高度处的应力分布满足平断面假定的条件近似成线性分布，而且在三个载荷大小下中和轴的高度保持一致。由此可知，中和轴高度值为 573.5mm，与试验模型的设计值 537mm 相差 6.8%。

3.6.2　弹性范围内的纯扭预加载

在对试验模型完成弹性范围内的弯曲预加载之后，对试验模型进行纯扭转载荷下的弹性预加载，一方面能使模型中的残余应力得到充分地释放，另一方面能掌握横剖面形状发生突变处所产生的翘曲正应力的大小和分布情况。选取二个货舱开口角隅处的典型测点，载荷-Mises 应力曲线如图 3-59 和图 3-60 所示。

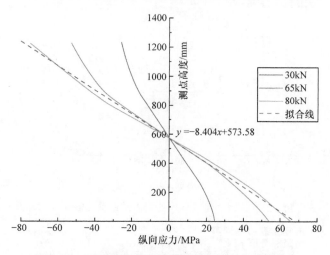

图 3-58　不同载荷大小时高度方向的应力分布曲线

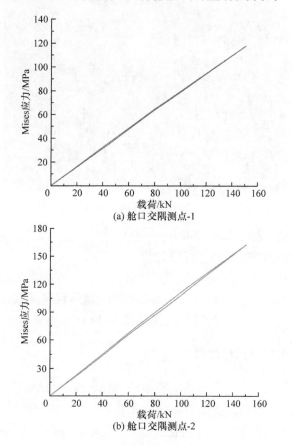

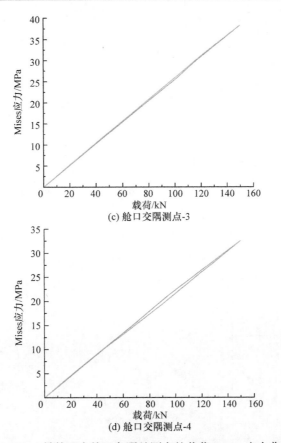

(c) 舱口交隔测点-3

(d) 舱口交隔测点-4

图 3-59　1 号舱四个舱口角隅处测点的载荷-Mises 应力曲线

　　由于货舱区的开口和横向甲板条破坏了甲板的连续性，因此这些位置的扭转受到约束会产生较大的翘曲正应力。为了了解正应力的大小和分布趋势，两货舱

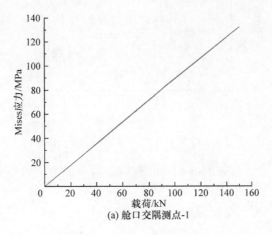

(a) 舱口交隔测点-1

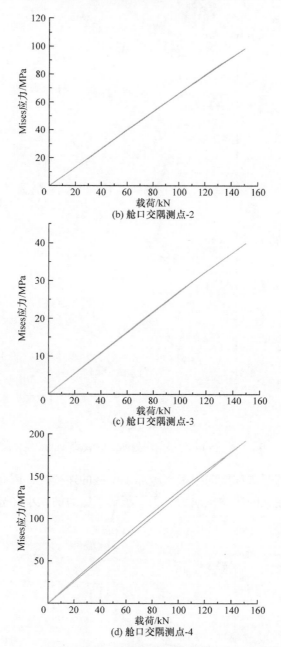

图 3-60　2 号舱四个舱口角隅处测点的载荷-Mises 应力曲线

角隅处的翘曲正应力分布如图 3-61 和图 3-62 所示。两货舱角隅处的翘曲正应力大小如表 3-7 和表 3-8 所示。

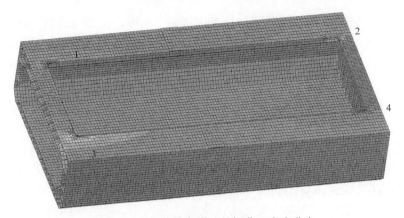

图 3-61　1 号货舱角隅处的翘曲正应力分布

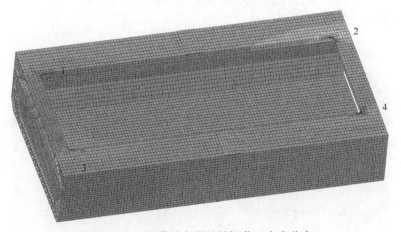

图 3-62　2 号货舱角隅处的翘曲正应力分布

表 3-7　1 号货舱角隅处的翘曲正应力大小

位置	翘曲拉应力/MPa	位置	翘曲压应力/MPa
2	42.4	1	−111.8
3	105.6	4	−38.9

表 3-8　2 号货舱角隅处的翘曲正应力大小

位置	翘曲拉应力/MPa	位置	翘曲压应力/MPa
2	91.4	1	−44.5
3	35.6	4	−88.9

3.6.3　弯扭极限破坏加载

　　在弹性范围内对模型进行纯弯、纯扭预加载后，模型中的残余应力可以得到充分地释放，更好地测试各个测点的工作状态，掌握弯扭组合载荷工况下模型中应力集中区域的位置，为最后的极限破坏加载工况做好充分的准备。至此，就能对试验模型进行最后一个弯扭极限破坏工况的加载。此工况模拟实船在最大波浪扭矩和货物扭矩的作用下发生中垂极限状态破坏的崩溃过程。为模拟试验模型的弯扭组合载荷工况，先对模型施加实船的最大波浪扭矩和货物扭矩之和的相似换算扭矩值，然后逐步递增中垂弯曲载荷直到模型发生极限状态的破坏，最终获得试验模型在弯扭载荷工况下的中垂极限承载能力，以及相应的破坏模式。

对试验模型在整个加载过程中从发生板格的屈曲到最终结构失效的过程分析如下。模型在扭矩载荷的作用下和货舱中部抗扭箱的约束作用下，在两个对角线位置处(图3-63)的舱口角隅位置处会产生翘曲压应力。翘曲压应力和由中垂弯矩在甲板上产生的压应力叠加使这两个位置处的组合压应力是最大的，因此破坏的起始处一定位于这两个位置。

图3-63　甲板上组合压应力最大的位置

当中垂弯曲载荷达到某一值时，图3-63两个位置处的组合压应力达到此处加筋板发生板格屈曲的临界应力值，因此位于该位置的加筋板板格开始发生屈曲失稳，如图3-64所示。

随着中垂弯曲载荷的增加，板格屈曲失稳的程度和范围进一步加大，如图3-65所示。

伴随着更多构件的屈曲失稳破坏，最终上甲板边板加筋板格的整体失稳会导致模型极限状态的破坏，失去继续承载的能力，如图3-66所示。

通过上述分析可知，扭转载荷的存在使抗扭箱位置处的甲板边板上产生较大的翘曲压应力。此压应力与中垂弯矩产生的压应力的叠加使两个位于对角线位置

图 3-64　加筋板板格的屈曲失稳

图 3-65　加筋板板格屈曲失稳的扩展

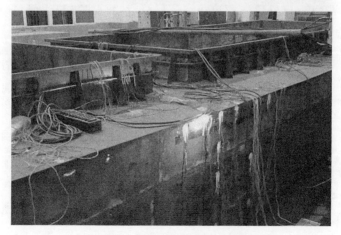

图 3-66　加筋板的极限状态破坏

的舱口角隅处的组合压应力是整个模型结构中的最大值，因此板格屈曲失稳的破坏是起始于此位置处的。最终，该位置处甲板板格的整体失稳使模型达到极限承载能力。

为了获得上甲板边板的加筋板结构发生板格初始屈曲时对应的中垂弯矩载荷大小和最终的极限承载能力，选取模型发生极限状态破坏位置附近的测点，通过分析这些测点在整个加载过程中的载荷-应力曲线的变化，判断模型加筋板结构发生初始屈曲的载荷大小。舱口角隅处关键测点如图 3-67 所示。

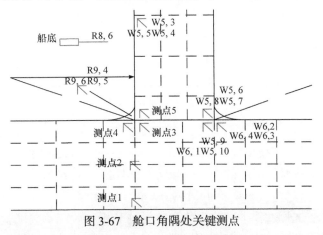

图 3-67　舱口角隅处关键测点

如图 3-68 所示，在弯曲载荷的初始阶段，外载荷与结构响应成线性关系，当弯曲载荷达到始屈破坏所对应的载荷时，测点 4 的弯曲载荷-Mises 应力曲线首先出现拐点，此时的 Mises 应力远没有达到材料的屈服应力，因此可以推断该点所在位置的结构发生屈曲失稳破坏。正是屈曲后板格的大变形导致载荷-应力曲线趋势的突变，因此可以确定剖面的中垂弯矩载荷大小为 2132 kN·m。为了得到模型在弯扭载荷工况下的极限承载能力，选取施加弯曲载荷位置处的百分表。载荷施加位置处的弯曲载荷-挠度曲线如图 3-69 所示。

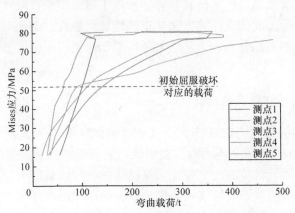

图 3-68　所选测点的弯曲载荷-Mises 应力曲线

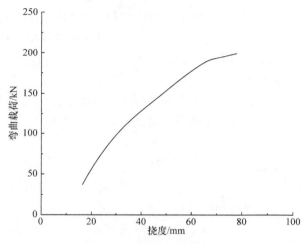

图 3-69   载荷施加位置处的弯曲载荷-挠度曲线

由图 3-69 可知,当模型发生极限状态破坏时,一个千斤顶的载荷大小为 200 kN,因此模型在弯扭载荷工况下的中垂极限弯矩(单位: kN·m)为

$$M_{UE}=4 \times 199.6 \times 4.1=3273.44 \tag{3.32}$$

通过对整个试验过程中试验现象和数据的分析,可以掌握试验模型从开始发生屈曲失稳到发生极限状态破坏的机理,对大开口船舶在中垂状态时弯扭组合载荷下发生极限状态破坏的模式有直观而详细的了解,并且最终获得试验模型在弯扭组合载荷下的极限承载能力,达到模型试验的目的。

3.6.4   模型试验与仿真计算结果对比

在完成模型弯扭极限强度试验以后,采集大量的试验数据,记录模型发生破坏崩溃的整个历程,并最终得到模型在弯扭组合载荷作用的极限承载能力。在试验之前已经对试验模型进行了仿真计算,预报了试验模型极限状态的破坏模式与承载能力。为了验证此仿真计算方法的正确性和可靠性,下面对试验与仿真计算结果进行多方面的对比分析,为建立大开口船型弯扭极限强度非线性有限元计算方法奠定基础。

1. 极限状态破坏模式的比较

不同形式的极限状态破坏模式会使相同的结构具有较大差异的极限承载能力,即某一结构的极限承载能力对其极限状态破坏形式具有很强的敏感度。因此,为了使非线性有限元计算方法更好地预报结构的极限承载能力,必须保证其与试验结果有相同的极限状态破坏模式。模型试验极限状态破坏模式如图 3-70 所示。非线性有限元计算结果如图 3-71 所示。

图 3-70　模型试验极限状态破坏模式

对比图 3-70 和图 3-71 可以发现，试验结果与仿真计算结果具有相同的极限状态破坏模式，都是以翘曲压应力最大位置处舱口角隅的甲板板发生整体板架的破坏为特点的，而且两者破坏的位置也是相同的。由此可见，该非线性有限元计算方法能够合理地预测试验模型的整体崩溃历程和最终的极限状态破坏模式。

2. 弯扭极限承载能力的比较

具有与试验结果相同的极限状态破坏模式是确保非线性有限元计算方法准确预报极限承载能力的前提与必要条件。根据上面的分析结果，该方法具备此条件，

图 3-71　非线性有限元计算结果

而对比试验与非线性有限元法分别获得的模型弯扭极限承载能力是用来验证有限元法准确性最直接、最根本的途径，也是非线性有限元计算方法最终的目标。非线性有限元法载荷-挠度曲线如图 3-72 所示。

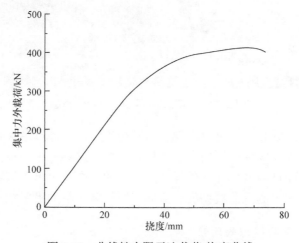

图 3-72　非线性有限元法载荷-挠度曲线

由此可知，模型在中垂极限状态时的极限外载荷为 413496 N。因此，模型的中垂极限弯矩(单位：kN·m)为

$$M_{UF}=2×413496×4.1=3390.667 \tag{3.33}$$

如图 3-73 所示，当模型发生极限状态破坏时，一个千斤顶的载荷大小为 199.6 kN。因此，模型在弯扭载荷工况下的中垂极限弯矩大小(单位：kN·m)为

$$M_{UE}=4×199.6×4.1=3273.44 \tag{3.34}$$

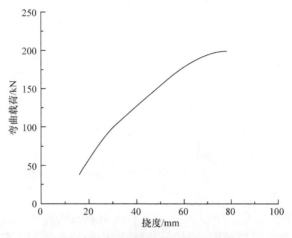

图 3-73 模型试验的载荷-挠度曲线

对比两者弯扭极限承载能力的结果，误差为 3.58%，仿真计算结果略大于试验结果。若忽略模型加工时产生的初始缺陷的影响，那么非线性有限元计算方法的精度能够较好地预报试验模型的弯扭极限承载能力。

3.6.5 实船结构极限强度的试验预报

通过对材料换算系数的计算能够解决不同模型材料与实船材料对实验结果的影响。在此基础上便能用试验结果对实船危险剖面的极限承载能力进行预报。对比实船危险剖面，以及试验模型的极限强度非线性有限元的计算结果能够得到实船与试验模型之间的换算系数，即

$$f_{pm}= M_{U(pro)}/M_{U(model)}=521.89 \tag{3.35}$$

综合试验模型与实船剖面之间的材料换算系数与模型换算系数，可得实船危险剖面极限强度基于试验结果的预报值(单位：kN·m)，即

$$M_{U(pro-exp)}= f_{pm}×f_m×M_{U(model-exp)}= 8792.4 \tag{3.36}$$

3.7 本 章 小 结

本章研究江海直达船在弯扭组合载荷作用下的极限强度。首先，根据相似理

论，设计江海直达船的模型结构，并对实船和模型船的相似性进行验证。然后，进行模型的弯扭极限强度试验，得出模型船的极限承载能力。本章提出一套针对此类大开口船舶结构模型设计方法，以及模型弯扭极限强度试验方法，得出以下重要的结论。

(1) 江海直达运输船具有大开口的船型特点，抗扭刚度较小，在进行模型设计时分别对大开口的江海直达船的弯曲、扭转变形做相似分析，可以得到各自需要满足的相似准则。

(2) 模型剖面的设计可以通过其与实船船中剖面的弯曲惯性矩、中和轴、自由扭转惯性矩、约束扭转惯性矩的相似关系来完成。

(3) 为了使试验结果能够预报实船极限强度，不仅要验证模型与实船在弹性范围内的相似性，还要验证它们在非弹性范围内屈曲强度和失稳破环模式的相似性。

(4) 试验过程通过在弹性范围内的预加载工况能达到释放残余应力，调试加载和测试系统的目的。

(5) 从试验结果来看，甲板上的应力测点先于船底的应力测点屈服，表明此类大开口船舶在中垂弯扭极限工况下，甲板结构较船底结构更容易破坏。主要原因在于，大开口的存在使剖面的中和轴更靠近船底，甲板剖面模数比船底剖面模数小。

(6) 通过在船底部布置的 12 个百分表测出模型的相对挠度，可以得到载荷-变形曲线，进而得到极限承载力。

(7) 通过江海直达船模型弯扭极限强度试验，可以得到模型的总纵极限承载能力，发现模型的破坏模式为舱口角隅处的甲板出现皱褶失稳现象。

第4章　结构尺寸对江海直达船舶极限强度的
影响分析

4.1　概　　述

我国江海直达船型的设计研究工作起步较晚。"九五"期间一些重点船型科研课题的研究成功，才推动了江海直达船型设计技术的进步。由开始的海船进江、模仿海船设计发展至今，在技术上逐步形成江海直达船型自身的特点。江海直达船型在整体的设计技术上有了长足的进步。由于江海直达运输船需要跨江海航行，而内河与海上的航行条件有巨大的差别，因此江海直达船型既受到内河航道条件的限制，具有吃水浅，操纵性好的特点，又要保证在海上航行时具有较高的船体结构强度的安全性与耐波性[64]。因此，两者的兼而备之使江海直达船型在设计过程中会遇到很多技术难点。这也是江海直达船型需要解决的技术关键。随着长江流域经济的迅猛发展，进出口货运量逐年增加，货物的种类也越来越多，现有江海直达运输主力船型的载货量偏小，船型种类单一，不能满足日益增长的物资交流的需求，而且船型老化不能适应新形势下货品适装性的要求。江海直达船型未来的技术发展趋势必然向大型化、快速化、多样化等方向发展，现代船舶技术会更多地应用于江海直达运输船。例如，新型的球鼻艏和艉型节能技术、大变吃水船型技术，从而进一步提高江海直达运输船的经济性和快速性，实现水上高速公路的运输。

船型主尺度参数的确定往往受制于很多客观因素，而且在船舶设计的初始阶段往往不是从结构强度的角度出发来选取的。这些参数会对之后的结构设计、船体结构强度产生重要的作用[65,66]，因此为了能够从有益于船体结构极限强度的角度出发对初始阶段船舶主尺度参数的选取提供更加合理、有效的参考，本节将重点研究船宽与型深比(B/D)、肋骨间距(s)、纵向构件尺寸、甲板开口尺寸对船体结构极限强度的影响。为了达到此目的，选取 L=60m、80m、100m、110m 和 130m，d=0.75D、C_b=0.862 的具有代表性的江海直达船型作为研究对象。

4.2　肋骨间距的影响

横向强框架间距对船体梁的极限承载能力有一定的影响。这里取横向强框架间距为 4 个肋骨间距，肋骨间距 s=500mm、550mm、600mm、650mm、700mm，对应的横向强框架间距 S=2000mm、2200mm、2400mm、2600mm、2800mm。这种间距的差异不会对内外壳板产生太大影响，受影响的主要还是纵骨。因为纵骨的计算跨距有变化，而纵骨一般选取型材，在某一剖面模数范围内不同的构件可以选取同一种型材，因此计算中的型材和板厚不会因横向强框架间距的不同而不同。

理论上，极限弯矩的大小随着横向强框架间距 S 的增大而逐渐降低，计算结果也证明了这点。L=130m 中拱、中垂极限弯矩如表 4-1 所示。中拱极限弯矩和中垂极限弯矩随 S 的变化曲线如图 4-1 和图 4-2 所示。船长 L=130m 时，对不同 S 下的中拱极限弯矩 M_{hog} 和中垂极限弯矩 M_{sag}，构件尺寸为满足规范基本要求的尺寸。

表 4-1　L=130m 中拱、中垂极限弯矩

S/mm	2000	2200	2400	2600	2800	平均值	标准偏差
$M_{hog}/(\times10^5 kN \cdot m)$	9.3735	9.1851	9.0016	8.8238	8.6601		
$M_{sag}/(\times10^5 kN \cdot m)$	−7.9695	−7.8305	−7.7090	−7.5834	−7.4677		
hog/%	—	−2.0104	−1.9978	−1.9746	−1.8557	−1.9596	0.0709
sag/%	—	−1.7441	−1.5515	−1.6292	−1.5265	−1.6128	0.0978
M_{hog}/M_{sag}	−1.1762	−1.1730	−1.1677	−1.1636	−1.1597	−1.1680	0.0057

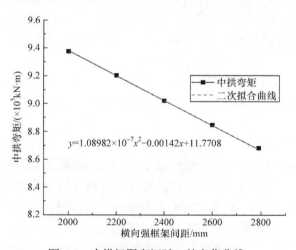

图 4-1　中拱极限弯矩随 S 的变化曲线

可以看出，极限弯矩随横向强框架间距 S 的增大而减小，但降幅不是很大。例如，中拱极限弯矩 M_{hog} 依次递减 1.96% 左右，中垂极限弯矩 M_{sag} 依次递减 1.613% 左右。这说明，S 对极限弯矩的影响并不大。S 对中垂极限弯矩的影响略小于对中拱极限弯矩的影响。

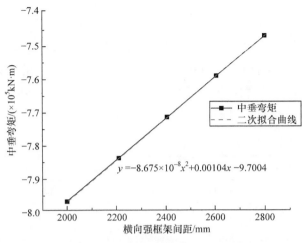

$$y = -8.675 \times 10^{-8} x^2 + 0.00104x - 9.7004$$

图 4-2　中垂极限弯矩随 S 的变化曲线

如表 4-2 所示，极限弯矩的平均降幅随着船长增大而逐渐减小，即船越大，实肋板间距变化产生的影响就越小。

表 4-2　系列船型的极限弯矩随 S 变化的平均递减幅度

L/m	$M_{\text{hog}}(\times 10^5 \text{kN} \cdot \text{m})$	$M_{\text{sag}}(\times 10^5 \text{kN} \cdot \text{m})$
60	−1.9471	−2.5082
80	−2.4158	−2.7319
100	−2.2593	−1.7949
110	−2.299	−1.6975
130	−1.9596	−1.6128
平均值	−2.1762	−2.0691
标准偏差	0.2114	0.5132

4.3　纵向构件尺寸的影响

鉴于甲板大舱口的结构特点，其结构强度相对薄弱。总纵弯曲强度计算表明，对船长稍大的船舶按规范要求选取最小尺寸时，甲板板可能无法满足总纵弯曲强度和屈曲强度要求，因此必须加大构件尺寸。由于边舱甲板相对较窄，甲板负荷不大，因此按规范取值，甲板纵骨比较小，与相邻的舷侧纵骨和内舷纵骨尺寸相差较大，彼此不协调。从甲板结构自身来看，甲板板较厚，而甲板纵骨又很小，也是不协调的。从这两个方面考虑，在实际设计时往往要先加大甲板纵骨的构件尺寸。如果还不够，就增大甲板板或舷顶列板的厚度。

4.3.1 甲板纵骨尺寸

加大甲板纵骨的构件尺寸无疑会增大船体梁的极限弯矩，但是实肋板间距 S 对两种极限弯矩的影响却呈现两种截然相反的趋势。随着 S 的增大，中拱极限弯矩的增幅渐减，而中垂极限弯矩的增幅则是渐升的。以 $L=130$m 为例，不同 S 对于调整甲板纵骨尺寸效果的影响如表 4-3 所示。

表 4-3　不同 S 对于调整甲板纵骨尺寸效果的影响　（单位：$\times 10^{11}$N·mm）

项目		2000mm	2200mm	2400mm	2600mm	2800mm	平均值	标准偏差
中拱	调整前	9.3735	9.1851	9.0016	8.8238	8.6601		
	调整后	1.0165	9.9429	9.7238	9.5369	9.3319		
	后/前	1.0844	1.0825	1.0802	1.0808	1.0776	1.0811	0.0026
中垂	调整前	−7.9695	−7.8305	−7.7090	−7.5834	−7.4677		
	调整后	−8.7298	−8.6020	−8.4716	−8.3495	−8.2287		
	后/前	1.0954	1.0985	1.0989	1.1010	1.1019	1.0992	0.0025

由此可知，增大甲板纵骨的构件尺寸使中垂极限弯矩的增幅比中拱极限弯矩的增幅大 1%～2.4%，平均 1.8%。不同尺度的系列船相互比较时则无规律可言。调整甲板纵骨尺寸后，中垂极限弯矩平均增大 9.35%，中拱极限弯矩平均增大 7.22%。如表 4-4 所示，甲板纵骨尺寸增大后，一方面剖面惯性矩会增大，另一方面剖面中和轴上移，中和轴距甲板变近，而距船底板变远，因此中垂极限弯矩的增幅大于中拱极限弯矩的增幅。

表 4-4　系列船型对于纵骨尺寸的敏感度

项目		中拱(后/前)	中垂(后/前)
L	60m	1.0301	1.0402
	80m	1.0871	1.1222
	100m	1.0674	1.0875
	110m	1.0954	1.1185
	130m	1.0811	1.0992
平均值		1.0722	1.0935
标准偏差		0.0257	0.0330

4.3.2 甲板板和舷顶列板

这两种板的厚度一般是同步增厚，一方面是在规范中两者有一定的关联，另一方面是为了避免板厚相差太大而出现局部应力集中。随着 S 的增大，中拱极限弯矩和中垂极限弯矩的增幅是渐减的。船越长，其平均升幅也随之递增(表 4-5)，但 L=60m 时例外，因为它是船底板增厚，而不是甲板增厚。

表 4-5　系列船型对于板厚的敏感度

项目		中拱(后/前)	中垂(后/前)
L	60m	1.0194	1.0193
	80m	1.0112	1.0163
	100m	1.1209	1.1235
	110m	1.1397	1.1477
	130m	1.2518	1.2607
平均值		1.1086	1.1135
标准偏差		0.0988	0.1016

4.4　船宽与型深比的影响

为了便于比较，不改变 L 和 B，只减小 D，以达到 B/D 从 3.0 变成 3.5 的目的。型深 D 的改变必然改变舷侧纵骨的尺寸大小及排列，平台距基线的高度也随之改变。某些构件的载荷会发生改变，因此其尺寸也会发生改变。型深的改变会对船体梁的总纵弯曲强度产生较大影响，因此船底和甲板结构的某些构件也会发生改变。不同 B/D 时极限弯矩如表 4-6 所示。当 B/D=3.0、B/D=3.5 时，某些构件的尺寸会有所不同，但两者均满足局部强度、总纵弯曲强度和扭转强度等要求。

表 4-6　不同 B/D 时极限弯矩

项目		M_{hog} $(B/D=3.0)$ $/(\times 10^{11}\text{N}\cdot\text{mm})$	M_{hog} $(B/D=3.5)$ $/(\times 10^{11}\text{N}\cdot\text{mm})$	比例	M_{sag} $(B/D=3.0)$ $/(\times 10^{11}\text{N}\cdot\text{mm})$	M_{sag} $(B/D=3.5)$ $/(\times 10^{11}\text{N}\cdot\text{mm})$	比例
L	60m	1.3296	0.89392	0.6723	−1.1372	−0.76718	0.6747
	80m	2.2164	1.7142	0.7734	−1.8654	−1.4968	0.8024
	100m	4.4554	3.1196	0.7002	−3.8615	−2.7247	0.7056
	110m	5.6219	3.9694	0.7061	−4.8618	−3.5067	0.7213
	130m	8.6601	6.2646	0.7234	−7.4677	−5.5307	0.7406
平均值				0.7151			0.7289
标准偏差				0.037			0.048

B/D 从 3.0 增大到 3.5 后，极限弯矩有较大的降低，以 S=2800mm 为例，相较于增大构件尺寸之前，极限弯矩的降幅接近 30%。

不同 S 下极限弯矩比值(平均值)如表 4-7 所示。B/D=3.5 时的中垂极限弯矩约为 B/D=3.0 时中垂极限弯矩的 73%，而 B/D=3.5 时的中拱极限弯矩约为 B/D=3.0 时中拱极限弯矩的 71%。

表 4-7 不同 S 下极限弯矩比值(平均值)

项目		hog	sag
	2000mm	0.7118	0.7289
	2200mm	0.7111	0.7315
S	2400mm	0.7113	0.7316
	2600mm	0.7135	0.731
	2800mm	0.7151	0.7289
平均值		0.7126	0.7304
标准偏差		0.0017	0.0014

船体梁极限承载能力的大小取决于其剖面模数，即与 B 和 D^2 成线性关系(B 为船宽、D 为型深)。在 B 相同的情况下，B/D 从 3.0 增大到 3.5，极限弯矩变为原来的$(D_1/D_2)^2$ 倍，即$(3/3.5)^2$=0.735 倍，与表 4-7 的计算结果相当接近。这表明，型深 D 对极限弯矩的影响较大。

4.5 甲板开口尺寸的影响

为了方便比较甲板开口尺寸的影响，使用非线性有限元软件对开口宽度(记为 BH)为船宽(B)的 0.6、0.7、0.8 倍的有限元模型进行极限强度的计算。有限元模型如图 4-3 所示。

(a) BH/B=0.6   (b) BH/B=0.7   (c) BH/B=0.8

图 4-3 有限元模型图

1. BH/B=0.6 有限元模型计算

通过非线性有限元的计算，在相同的边界条件下对初始有限元模型进行纯弯中垂工况下的极限强度计算、纯扭工况下的极限强度计算、扭矩为 $7.85 \times 10^7 \text{N} \cdot \text{m}$

时，弯扭组合工况下的极限强度计算(简称弯扭工况 1)，然后加大扭矩至 $7.85×10^8$N·m 时弯扭组合工况下极限强度计算(简称弯扭工况 2)。通过对数据的处理，可计算出该有限元模型四种工况下的极限强度，汇总如表 4-8 所示。

表 4-8　BH/B=0.6 下不同工况极限强度汇总表

工况	载荷因子极值	极限弯矩/扭矩/($×10^5$kN·m)
中垂	1.66	13.28
扭转	1.44	11.52
弯扭工况 1(扭矩 $7.85×10^7$N·m)	1.57	12.56
弯扭工况 2(扭矩 $7.85×10^8$N·m)	1.28	10.24

2. 结果汇总与分析

同理，通过非线性有限元的计算，在相同的边界条件下对 BH/B=0.7、BH/B=0.8 的有限元模型进行纯弯中垂工况下的极限强度计算、纯扭工况下的极限强度计算、弯扭工况 1 下的极限强度计算，以及弯扭工况 2 下极限强度计算。不同开口宽度模型的极限强度计算结果汇总如表 4-9 所示。

表 4-9　不同开口宽度模型的极限强度计算结果汇总　(单位：$×10^5$kN·m)

工况极限弯矩	BH/B=0.6	BH/B=0.7	BH/B=0.8
中垂纯弯	13.28	11.61	9.76
纯扭	11.52	10.48	9.36
弯扭工况 1 (扭矩 $7.85×10^7$N·m)	12.56	10.96	9.52
弯扭工况 2 (扭矩 $7.85×10^8$N·m)	10.24	7.76	5.52

根据表 4-9 的计算结果，可以得到不同开口宽度下有限元模型的极值载荷，如图 4-4 所示。

由图 4-4 可得以下结论。

(1) 在保持其他结构形式，以及结构尺寸不变的情况下，增加开口宽度，船舶弯曲、扭转，以及弯扭组合下的极限强度均降低。这主要是因为甲板开口变大，降低了结构的抗弯刚度和抗扭刚度。

(2) 弯矩和扭矩的组合作用会降低单一荷载下船体的极限强度，即结构在弯扭组合载荷的作用下，扭矩的存在会降低结构在纯弯作用下的极限强度，而且随着扭矩的增大，降低程度越发明显。

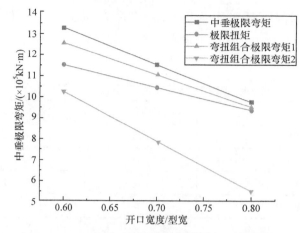

图 4-4　不同开口宽度下有限元模型的极值载荷

(3) 从计算结果可以看出，弯曲极限强度和扭转极限强度相差不大，因此对大开口船舶来说，仅从总纵极限强度的角度出发，忽略大开口造成的船舶扭转是偏危险的。

(4) 扭矩的存在使极限破坏区域发生改变。

(5) 在进行结构设计，以及结构优化时，需要综合考虑不同 BH/B 下弯扭极限变化的百分比、结构重量变化百分比，以及装卸效率等，进而为江海直达船的结构设计和优化提供合理的建议和数据支持。

4.6　本 章 小 结

本章基于国内外在船体梁极限强度计算及试验方面的研究进展，并用基于 Smith 方法的计算程序计算 B/D=3.0 和 B/D=3.5 时船体梁的极限承载能力，分析实肋板间距、型深、纵向构件尺寸等对船体梁极限承载能力的影响。

(1) 极限弯矩的大小随着横向强框架间距(实肋板间距)S 的增大而逐渐降低，且与 S 呈二次曲线变化。极限弯矩的平均降幅是随着船长增大而逐渐减小的，即船越大，S 变化导致的影响就越小。另外，S 对中垂极限弯矩的影响略小于对中拱极限弯矩的影响。总体而言，S 对极限弯矩的影响并不大。

(2) 中拱极限弯矩与中垂极限弯矩的比值在 B/D = 3.0 时随 S 的增大而减小，但降幅不大。各船中拱极限弯矩与中垂极限弯矩比值的平均值范围在 1.15～1.18，均值 1.166。B/D = 3.5(B 不变而 D 增大)时，中拱极限弯矩与中垂极限弯矩的比值随 S 的增大而增大，但增幅相差不大。各船中拱极限弯矩与中垂极限弯矩比值的平均值范围在 1.132～1.146，均值 1.139，与 B/D = 3.0 时比较，比值要小，但相差不大。

(3) 增大甲板纵骨的构件尺寸使得中垂极限弯矩平均增大 9.35%，中拱极限弯矩平均增大 7.22%，中垂极限弯矩的增幅比中拱极限弯矩的增幅要大 1%～2.4%，平均 1.8%。甲板纵骨尺寸增大后，一方面剖面惯性矩会增大，另一方面剖面中和轴上移，中和轴距甲板变近，而距船底板变远，所以中垂极限弯矩的增幅大于中拱极限弯矩的增幅。增厚甲板和舷顶列板可以增大中拱极限弯矩和中垂极限弯矩，随着 S 的增大，其增幅是渐减的。船长越大，其平均升幅基本递增。增加构件尺寸将提高极限弯矩 30%左右。

(4) 型深 D 对极限弯矩影响较大。船体梁极限承载能力的大小与 B 和 D_2 成线性关系。在 B 相同的情况下，B/D 从 3.0 增大到 3.5 后极限弯矩变为原来的$(D_1/D_2)^2$ 倍，即 0.735 倍。

(5) 根据极限强度评估结果，不宜取 B/D = 3.5，B/D = 3.0 时更容易满足要求。在 B/D = 3.0 时，调整构件尺寸后，无论是否考虑砰击等非线性修正，安全系数均大于 1.0，船体梁的极限承载能力有着显著的提高。因此，只要满足船体梁的总纵弯曲强度和屈曲强度，即可免除校核极限强度。通过极限强度校核，可以选择更为合理的板厚和纵向骨材尺寸。

(6) 对于江海通航大开口船而言，中拱极限弯矩大于中垂极限弯矩，船体梁失效以中垂工况下甲板屈曲失效模式为主。这种模式对应于船体梁总纵强度中的屈曲。

第 5 章 江海直达船型弯扭极限强度的衡准及评估

5.1 概　述

20 世纪 50 年代末，Vasta 提出极限承载能力的概念以来，船体结构极限强度问题就成为国际船舶结构力学领域中的热点研究课题。经过近 50 年的发展，随着人们对组成船体的各构件发生破坏的渐进性质及其相互作用机理的不断深入研究和认识，已经建立了四种相互独立而系统的极限强度计算方法，即直接计算法、逐步破坏法、非线性有限元法、ISUM。此外，根据理论计算结果的回归和假定前提条件下的经验公式，也有一定的参考价值和使用意义。

20 世纪 70 年代末，Smith 基于平板、加筋板在轴向压缩载荷作用下结构失效问题的研究成果，认为船体结构破坏是个渐进过程，并且不可能到达完全塑性弯矩，提出逐步破坏分析法。逐步破坏方法首先是对梁柱单元做弹塑性大变形分析确定加筋板单元的应力-应变曲线，然后通过人为加载方式对船体梁横截面分布加载。对应每一增量步，计算横剖面所有单元的应力应变状态，通过叠加得到整个船体剖面的弯矩-曲率曲线，并且认为曲线的峰值点对应的弯矩载荷是船体梁的极限弯矩。

5.2 弯曲极限强度衡准

5.2.1 基于 Smith 方法的极限强度计算衡准

相较于非线性有限元法而言，基于 Smith 方法的逐步破坏方法能够更加快速地评估船体梁剖面的极限弯矩，更适用于船体结构设计的初始阶段，因此该方法常用于初步计算和校核船体剖面的极限弯矩，以便结合计算结果对船体结构设计进行相应的调整和优化[67]。

为了说明换代开发新船型极限强度储备能力的优劣，选取船长在 60～140m 的 7 种典型的江海直达船型，采用逐步破坏方法分别计算得到各自的极限弯矩值大小，利用规范中关于极限强度的衡准方法计算极限强度的安全储备系数，从而评判新船型极限弯曲能力的优劣。

关于船体典型剖面极限弯矩的计算采用的是 BV/MARS2000。该程序是基于 Smith 方法设计开发的，程序计算结果的可靠性和准确性是国际船舶结构领域公认的。各船型货舱开口区域的典型横剖面计算模型如图 5-1～图 5-8 所示。

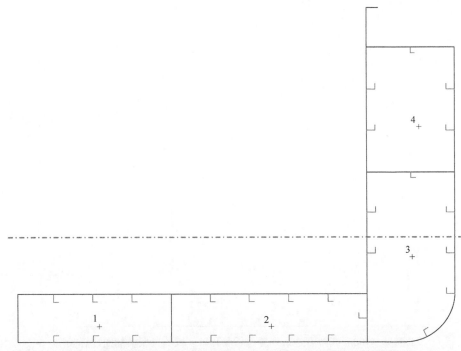

图 5-1　60m 江海直达系列船型货舱开口区域的典型横剖面计算模型

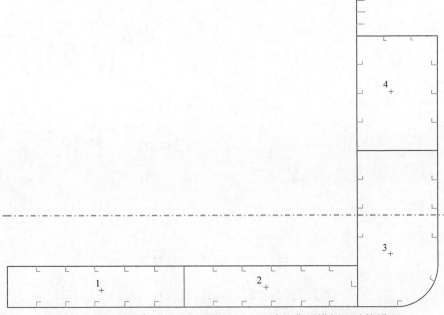

图 5-2　80m 江海直达系列船型货舱开口区域的典型横剖面计算模型

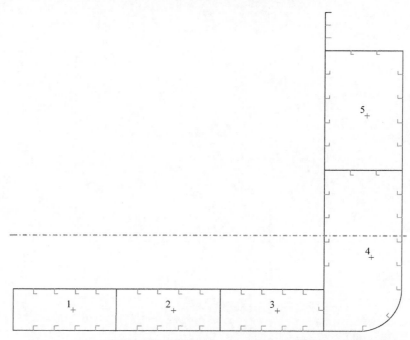

图 5-3　100m 江海直达系列船型货舱开口区域的典型横剖面计算模型

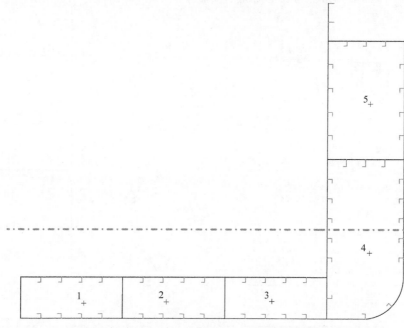

图 5-4　110m 江海直达系列船型货舱开口区域的典型横剖面计算模型

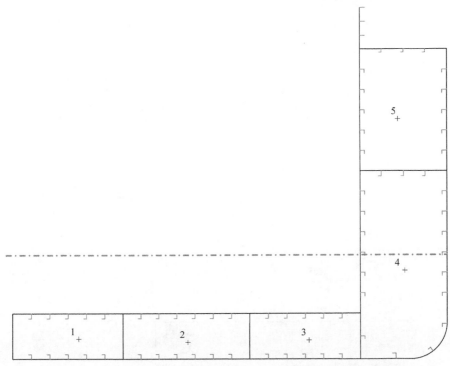

图 5-5　130m 江海直达系列船型货舱开口区域的典型横剖面计算模型

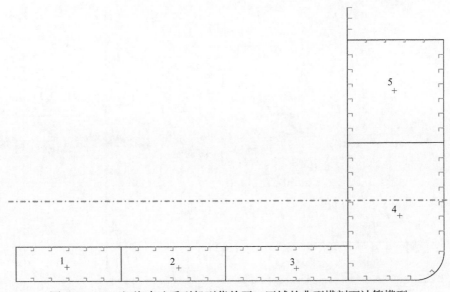

图 5-6　140m 江海直达系列船型货舱开口区域的典型横剖面计算模型

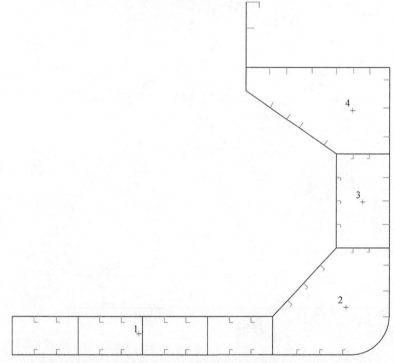

图 5-7　　12400DWT 江海直达船货舱开口区域的典型横剖面计算模型

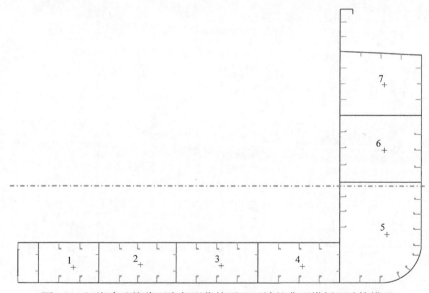

图 5-8　　江海直达换代开发船型货舱开口区域的典型横剖面计算模型

应用 BV/MARS2000 的逐步破坏方法分别对上述几种代表船型的典型剖面进行增量迭代计算，可以得到弯矩-曲率曲线，进而确定剖面在中垂和中拱状态下的极限弯矩大小，计算结果如图 5-9～图 5-16 所示。

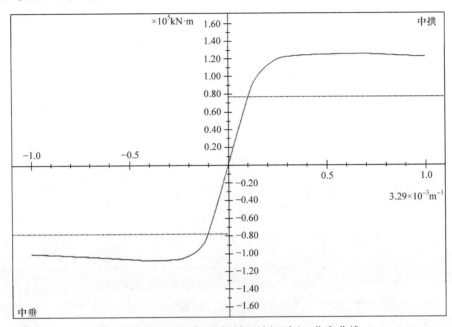

图 5-9　60m 江海直达系列船型剖面弯矩-曲率曲线

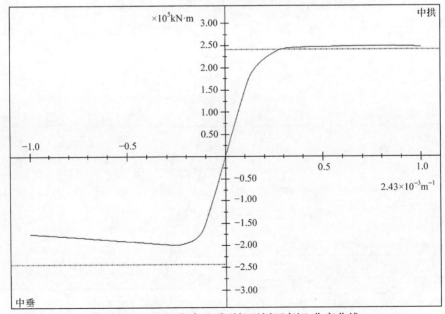

图 5-10　80m 江海直达系列船型剖面弯矩-曲率曲线

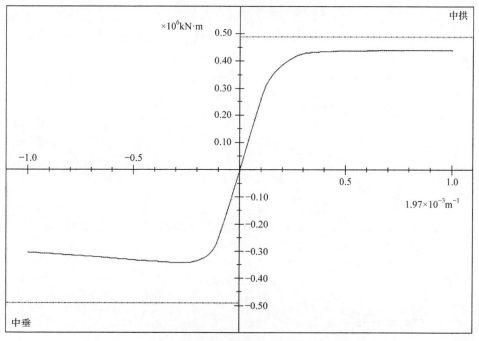

图 5-11　100m 江海直达系列船型剖面弯矩-曲率曲线

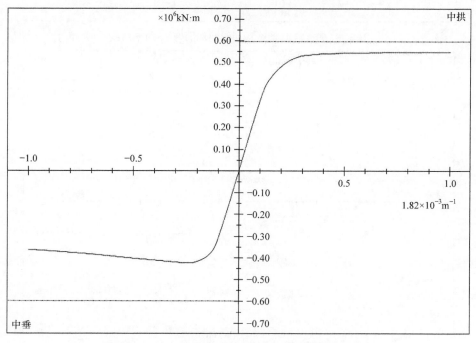

图 5-12　110m 江海直达系列船型剖面弯矩-曲率曲线

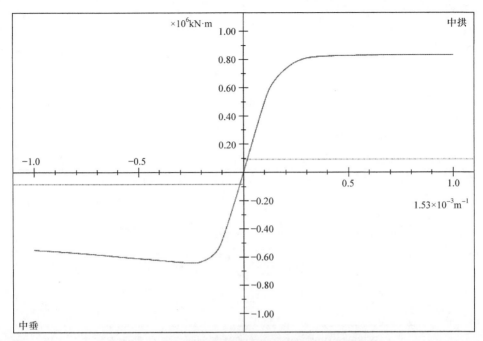

图 5-13　130m 江海直达系列船型剖面弯矩-曲率曲线

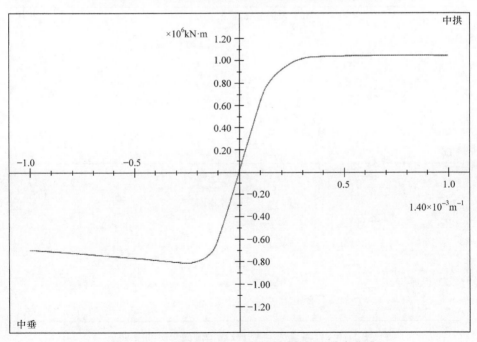

图 5-14　140m 江海直达系列船型剖面弯矩-曲率曲线

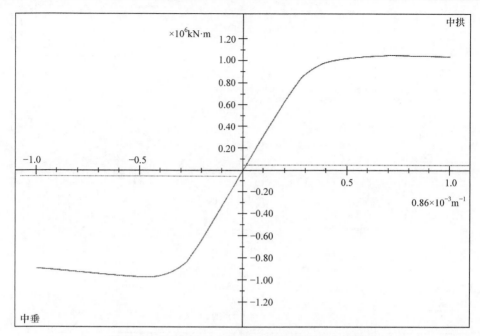

图 5-15　12400DWT 江海直达船剖面弯矩-曲率曲线

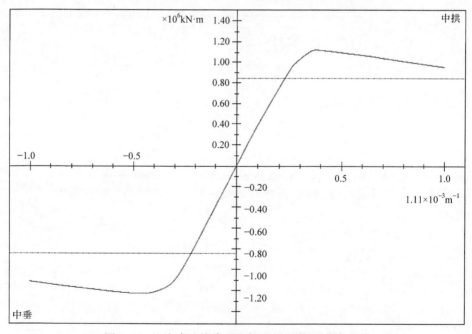

图 5-16　江海直达换代开发船型剖面弯矩-曲率曲线

由此可知，各剖面在中拱、中垂状态下的极限弯矩值的大小，利用此值结合规范中关于极限强度的衡准方法能够分别计算得到系列江海直达船型的极限强度储备系数，从而通过计算结果的对比分析检验江海直达换代开发船型在结构设计上的先进性。

各船型典型剖面的中拱、中垂极限弯矩如表 5-1 所示。

表 5-1　各船型典型剖面的中拱、中垂极限弯矩

船型	中拱极限弯矩/(kN·m)	中垂极限弯矩/(kN·m)
60m 江海直达系列船型	125660	−107328
80m 江海直达系列船型	248668	−198715
100m 江海直达系列船型	438851	−343013
110m 江海直达系列船型	546749	−423005
130m 江海直达系列船型	828163	−642091
140m 江海直达系列船型	1044784	−809328
12400DWT 江海直达船	1064636	−986425
江海直达换代开发船型	1115968	−1229913

根据规范中设计静水弯矩的计算公式，分别对不同船型的设计静水弯矩计算，即

$$M_{S,H} = 175CL^2B(C_B + 0.7)10^{-3} - M_{WV,H}, \quad 中拱工况$$

$$M_{S,S} = 175CL^2B(C_B + 0.7)10^{-3} - M_{WV,S}, \quad 中垂工况$$

垂向波浪弯矩按下式计算，即

$$M_{WV,H} = 190F_M f_p CL^2 BC_B \times 10^{-3}, \quad 中拱工况$$

$$M_{WV,s} = 110F_M f_p CL^2 B(C_B + 0.7) \times 10^{-3}, \quad 中垂工况$$

各代表船型的中拱、中垂波浪弯矩计算值如表 5-2 所示。

表 5-2　各代表船型的中拱、中垂波浪弯矩计算值

船型	中拱波浪弯矩/(kN·m)	中垂波浪弯矩/(kN·m)
60m 江海直达系列船型	6.45×10^4	5.83×10^4
80m 江海直达系列船型	1.62×10^5	1.47×10^5
100m 江海直达系列船型	3.34×10^5	3.02×10^5
110m 江海直达系列船型	4.56×10^5	4.12×10^5
130m 江海直达系列船型	7.89×10^5	7.14×10^5

船型	中拱波浪弯矩/(kN · m)	中垂波浪弯矩/(kN · m)
140m 江海直达系列船型	1.01×10^6	9.14×10^5
12400DWT 江海直达船	5.98×10^5	5.40×10^5
江海直达换代开发船型	7.01×10^5	6.34×10^5

各代表船型的中拱、中垂静水弯矩计算值如表 5-3 所示。

表 5-3　各代表船型的中拱、中垂静水弯矩计算值

船型	中拱静水弯矩/(kN · m)	中垂静水弯矩/(kN · m)
60m 江海直达系列船型	2.83×10^4	3.44×10^4
80m 江海直达系列船型	7.11×10^4	8.66×10^4
100m 江海直达系列船型	1.47×10^5	1.79×10^5
110m 江海直达系列船型	2.00×10^5	2.44×10^5
130m 江海直达系列船型	3.46×10^5	4.22×10^5
140m 江海直达系列船型	4.43×10^5	5.40×10^5
12400DWT 江海直达船	2.62×10^5	3.19×10^5
江海直达换代开发船型	3.08×10^5	3.75×10^5

基于上述各船型在中拱、中垂工况下静水弯矩和波浪弯矩的计算结果，以及各剖面的极限弯矩，按照规范中的计算公式能够得到各船型在两种工况下极限承载能力的安全储备系数 γ_s (表 5-4)。

表 5-4　各船型中拱、中垂工况下的极限弯矩安全储备系数

船型	中拱工况 γ_s	中垂工况 γ_s
60m 江海直达系列船型	1.189778	1.028214
80m 江海直达系列船型	0.93642	0.757152
100m 江海直达系列船型	0.801501	0.633868
110m 江海直达系列船型	0.731507	0.572634
130m 江海直达系列船型	0.640416	0.502394
140m 江海直达系列船型	0.630869	0.494468
12400DWT 江海直达船	1.087175	1.01921
江海直达换代开发船型	0.977439	1.090998

由于江海直达船型都具有货舱区长、大甲板开口的结构特点，此结构会大大降低船体梁整体的扭转刚度。此外，中垂工况相较于中拱工况才是决定极限海况下船体结构安全性高低的关键所在。这样，中垂工况就成了重点关心和研究的对象，由图 5-17 可以直观地看出江海直达换代船型典型剖面极限弯矩的储备系数要明显大于其他系列船型。

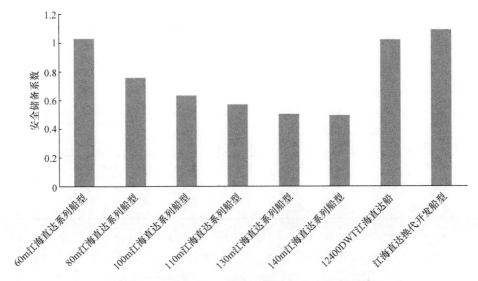

图 5-17　各船型中垂工况下极限弯矩安全储备系数

5.2.2　基于非线性有限元法的极限强度计算衡准

现在主流船级社的规范中关于船体结构强度的校核，基本上都是以许用应力为判别标准，对船舶在不同装载航行工况下的结构强度进行直接计算分析。这种以线弹性理论为基础的方法虽然能对船舶结构的强度进行有效的评估，但是不能对船舶结构的极限承载能力进行准确的预报，也无法获取船舶结构强度真实的安全储备。在船舶工程中，用基于极限承载能力的设计方法取代传统基于线弹性理论的设计方法已成为一种趋势。极限强度能够更准确地反映船舶结构的强度储备，从而更加准确地评估船舶结构的安全余量，在保证船舶结构安全性的同时，提高船舶材料的利用率。因此，对于船舶的极限强度进行准确的计算意义重大。

本节采用有限元软件对 130m 多用途江海直达船舱段模型进行极限强度的计算。计算过程主要考虑的非线性因素包括材料非线性和几何非线性，同时考虑各种外载荷对船体的作用，对不同装载航行工况下的受载情况分别计算[68]。通过与传统的纯弯船体极限强度计算结果进行对比分析研究，可以为船体极限强度提供一套更加准确的计算方法并提出一些较为合理的建议，同时为今后的船体极限强度有限元分析提供指导。

1. 江海直达船结构尺寸及材料属性

本节研究对象为 130m 多用途江海直达船。该船的主尺度如表 5-5 所示。船舯剖面结构图如图 5-18 所示。

表 5-5　130m 江海直达船主尺度

项目	符号	尺寸
总长	L_{OA}	136.5m
设计水线长	L_{WL}	133.0m
垂线间长	L_{PP}	130.0m
型宽	B	25.6m
型深	D	8.7m
结构吃水	d	6.3m
货舱开口	b	20.4m
方形系数	C_b	0.85

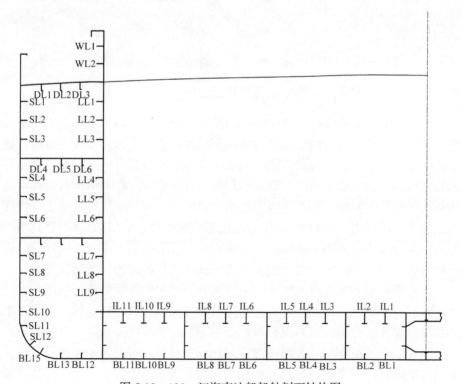

图 5-18　130m 江海直达船船舯剖面结构图

　　该船为三舱式多用途江海直达船，可以同时运输散货和标准集装箱，主要为双底双壳纵骨架式结构，艏艉部分采用横骨架式结构，肋距为 700mm，纵骨间距为 650mm。该船主要构件尺寸如表 5-6 所示。全船采用两种结构材料，船底板、舷顶列板、甲板边板，以及舱口围板采用 AH36 高强钢，屈服强度为 355MPa，其余结构采用 CCSA 级钢材，屈服强度为 235MPa。

表 5-6　130m 江海直达船主要构件尺寸

构件名称	代号	尺寸/mm	材料
船底板		12、11、10	AH36
内底板		13	CCSA
艉部外板		10、9	CCSA
舷侧外板		14、9	CCSA
内舷板		14、10	CCSA
舷顶列板		24	AH36
甲板边板		26	AH36
甲板		18、12	CCSA
舱口围板		16	AH36
平台甲板		10、9、8	CCSA
船底纵骨	BL1～BL15	HP260×10	CCSA
内底纵骨	IL1～IL11	T350×10/100×15	CCSA
甲板纵骨	DL1～DL3	−200×20	AH36
平台纵骨	DL4～DL6	HP220×10	CCSA
	DL7～DL9	HP140×7	CCSA
舷侧纵骨	SL1～SL3	−200×20	AH36
	SL4～SL7	HP220×10	CCSA
	SL8～SL11	HP240×10	CCSA
	SL12	HP240×11	CCSA
内舷纵骨	LL1～LL3	−200×20	AH36
	LL4～LL6	HP200×9	CCSA
	LL7～LL9	HP220×10	CCSA
围板纵骨	WL1～WL2	−200×16	AH36

2. 有限元模型

舱段有限元模型采用 S4R 单元进行建模，横向框架与纵向结构连接的部分使用少量 S3 单元。与加筋板和箱型梁模型不同，舱段模型的规模比较大，如果单元尺寸取得如加筋板模型和箱型梁模型那样小，可能导致模型节点数目太多，造成计算时间太长。因此，有必要对结构单元的尺寸进行研究，选择较为合适的单元尺寸，使之既满足计算精度的要求，又有较快的计算速度。如图 5-19 所示，针对一个强框架(4 个肋距)的模型采用 4 种网格尺寸进行有限元建模，分别是一个肋距 1 个单元、一个肋距 2 个单元、一个肋距 3 个单元，以及一个肋距 4 个单元。

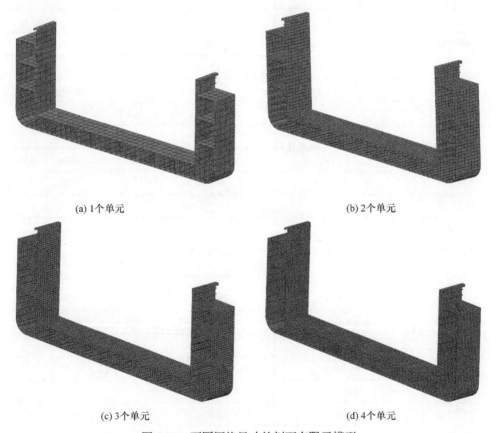

(a) 1个单元　　　　　　　　　　　　　　　(b) 2个单元

(c) 3个单元　　　　　　　　　　　　　　　(d) 4个单元

图 5-19　不同网格尺寸的剖面有限元模型

分别对这四种网格尺寸的模型进行中拱纯弯极限强度计算，不同单元尺寸剖面结构计算模型如表 5-7 所示。不同单元尺寸剖面结构计算模型计算结果如图 5-20 所示。

表 5-7　不同单元尺寸剖面结构计算模型

每肋位单元数	极限弯矩/(×10¹²N·mm)	偏差/%(相对 4 个单元)
1 个单元	1.659	7.72
2 个单元	1.618	5.06
3 个单元	1.552	0.79
4 个单元	1.540	—

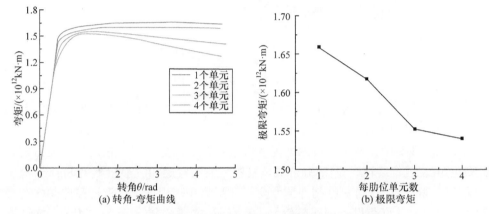

图 5-20　不同单元尺寸剖面结构计算模型计算结果

　　由此可知，网格尺寸越小，对应的极限弯矩也越小，从有限元原理出发，网格尺寸越小，计算精度越高。因此，较粗的网格会高估剖面结构的极限强度。同时，从计算结果可知，每肋位 3 个单元和每肋位 4 个单元的有限元模型计算结果已经非常接近，但是计算规模却相差很大。从计算经济性角度出发，我们采用每肋位 3 个单元的单元尺寸对江海直达船舱段结构进行有限元建模。模型中的材料均定义为理想弹塑性。由此建立的有限元模型如图 5-21 所示，模型为 1/2+1+1/2 舱段模型。

3. 边界条件

　　在江海直达船模型的两个端面采用 MPC 设定边界条件。主动参考点设置在模型剖面中和轴与端面的交点处，从动点为端面所有节点，如图 5-21 所示。主动点的自由度约束根据实际计算工况进行设置。

4. 外载荷

外载荷的施加根据实际计算工况决定，主要包括以下两类。

(1) 总体载荷，包括弯矩和扭矩。

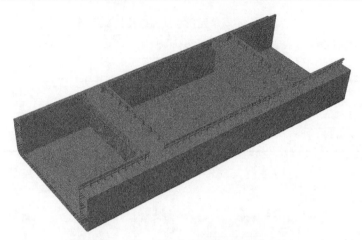

图 5-21　130m 江海直达船舱段有限元模型

（2）局部载荷，包括船体外部静水压力和水动压力、液体舱内流体静压力和惯性压力、货物静压力和惯性压力。

在总体载荷中，弯矩由静水弯矩和波浪弯矩两部分组成，扭矩由波浪扭矩和货物扭矩(装载集装箱时)两部分合成。其中，波浪弯矩和波浪扭矩由 Sesam 根据不同的装载航行工况计算获得，静水弯矩和货物扭矩根据《江海通航船舶建造规范》相关规定计算获得。局部载荷由《江海通航船舶建造规范》中相关公式计算获得，具体大小随装载航行工况的不同而不同。需要说明的是，所有计算得到的弯矩值都采用绝对值进行分析，即不管是中拱弯矩，还是中垂弯矩均取绝对值进行分析研究。

5. 纯弯极限强度研究

对大多数船舶而言，船体梁承受的主要载荷为纵向垂直弯矩(包括中拱和中垂两种情况)，因此通常对船体梁纵向垂直极限强度进行计算。本节采用传统的船体极限强度计算方法对纯弯情况下的江海达船舱段模型进行极限强度计算。计算过程考虑初始挠度的影响。

在进行纯弯极限强度计算时，边界条件设置为左端主动点约束 X、Y、Z 三个方向的位移和 X、Z 两个方向的转角；右端主动点约束 Y、Z 两个方向的位移和 X、Z 两个方向的转角。在分析过程中，两端的主动点上分别施加沿 Y 方向大小相同、方向相反的转角，逐步迭代增加转角的大小直至结构失效破坏，计算得到的纯弯条件下的转角-弯矩曲线如图 5-22 所示。

读取转角-弯矩曲线的峰值，得到的中垂极限弯矩为 $M_{SU}=1.320\times10^{12}\text{N}\cdot\text{mm}$；中拱极限弯矩为 $M_{HU}=1.446\times10^{12}\text{N}\cdot\text{mm}$。对比中垂和中拱时的转角-弯矩曲线可知，中垂时曲线有较明显的下降段(图 5-23(a))，而在中拱时则没有，曲线在峰值

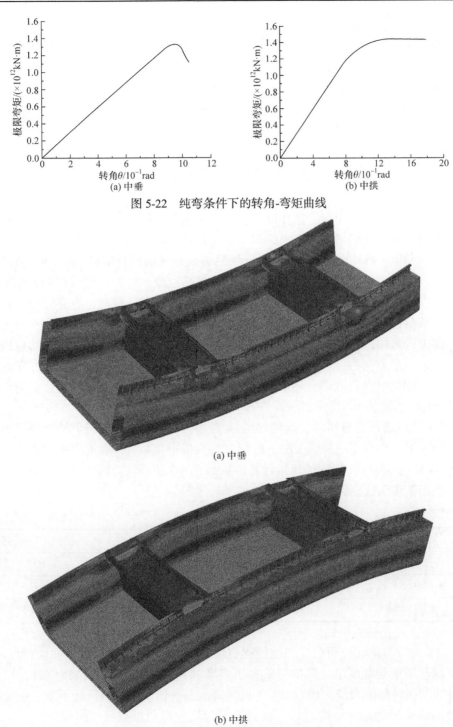

图 5-22　纯弯条件下的转角-弯矩曲线

(a) 中垂

(b) 中拱

图 5-23　纯弯条件下极限状态应力云图

处趋于平缓(图 5-23(b))。这主要是由于模型中和轴比较接近船底，中垂时模型的破坏模式为舱口围板断开处的甲板和甲板边板的屈曲失效，当甲板和甲板边板屈曲时，模型的承载能力急剧下降；中拱时由于中和轴比较接近船底，导致船底板还没有完全屈曲破坏失效时，甲板已经达到屈服应力。由于有限元分析采用的是理想弹塑性材料模型，材料达到屈服应力后还能继续承载，只是变形会加大，因此转角-弯矩曲线没有明显的下降段。

5.3　弯扭极限强度衡准

对于大多数船舶而言，船体梁承受的主要载荷为纵向垂直弯矩，因此计算船体极限强度时，我们通常只考虑纵向垂直弯矩。但是，对于江海直达船这种宽扁的大开口船型，当其在斜浪中航行时，极易造成较大的扭转变形，而宽扁的特征，以及大开口的存在大大减小了江海直达船的抗扭刚度。此时，船体在垂直弯矩和扭矩，以及其他外载荷的共同作用下很有可能失效崩溃。因此，有必要对其在弯扭组合载荷，以及其他局部载荷联合作用下的极限强度进行研究。

在进行弯扭组合载荷下的极限强度计算时，边界条件设置为左端主动点约束 X、Y、Z 三个方向的位移和 Z 方向的转角；右端主动点约束 Y、Z 两个方向的位移和 Z 方向的转角。我们采用以下方式对 130m 江海直达船在弯扭组合载荷作用下的极限强度进行研究。

(1) 进行有限元分析前，运用 Sesam 对船体在不同装载工况下的波浪扭矩进行长期预报，得到不同装载工况下的最大波浪扭矩，并将该波浪扭矩与货物扭矩(集装箱装载时)合成，得到的扭矩计算结果如表 5-8 所示。其中，货物扭矩根据《江海通航船舶建造规范》计算获得。

表 5-8　扭矩计算结果

装载工况	波浪扭矩/(N·mm)	货物扭矩/(N·mm)	合成扭矩/(N·mm)
正常压载	8.06×10^{10}	—	8.06×10^{10}
均匀满载铁矿石	1.01×10^{11}	—	1.01×10^{11}
集装箱重载	9.88×10^{10}	9.65×10^{9}	1.08×10^{11}

(2) 进行有限元分析时，先施加逐步增加的局部载荷、扭矩和端面转角，待局部载荷增加到和规范计算值一致，扭矩增加到(1)对应的合成扭矩值时，设定此时的端面转角值为 2×10^{-3}rad，保持局部载荷的值和扭矩值保持不变，继续迭代增加端面转角直至结构破坏，得到极限弯矩。弯扭极限强度研究计算工况如表 5-9 所示。

表 5-9　弯扭极限强度研究计算工况

工况号	内部载况	外部载况
LC11	正常压载	波浪扭矩最大,中垂
LC12	正常压载	波浪扭矩最大,中拱
LC13	均匀满载铁矿石	波浪扭矩最大,中垂
LC14	均匀满载铁矿石	波浪扭矩最大,中拱
LC15	集装箱重箱	波浪扭矩最大,中垂
LC16	集装箱重箱	波浪扭矩最大,中拱

　　对上述 6 种工况分别进行计算,不同计算工况下的转角-弯矩曲线如图 5-24 所示。

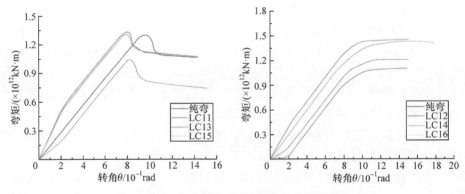

图 5-24　不同计算工况下的转角-弯矩曲线

　　根据上述转角-弯矩曲线的峰值,不同工况的极限强度计算结果如表 5-10 所示。

表 5-10　不同工况的极限强度计算结果

工况	M_{SU} /(×10¹²N · mm)	偏差 (相对纯弯)/%	工况	M_{HU} /(×10¹²N · mm)	偏差 (相对纯弯)/%
纯弯	1.320	—	纯弯	1.446	—
LC11	1.356	2.69	LC12	1.120	−22.55
LC13	1.056	−20.03	LC14	1.463	1.16
LC15	1.328	0.54	LC16	1.222	−15.48

　　从对箱型梁极限强度的研究结果来看,扭矩的存在会降低结构的极限弯矩,但是在上述 6 个计算工况中,有 3 个计算工况(LC11、LC14、LC15)的极限弯矩值略大于纯弯极限强度。这主要是由于在这 3 个计算工况中,局部载荷对极限弯

矩的影响是积极的，并且这种增大效应超过扭矩对于极限强度的减小效应。扭矩和局部载荷耦合在一起作用，导致极限弯矩较纯弯时略有增大。对于另外 3 个工况(LC12、C13、C16)，极限弯矩值较纯弯时显著减小，最大减小幅度达到–22.55%(LC12)。这主要是由于在这 3 个计算工况中，局部载荷对极限强度的影响是消极的，扭矩和局部载荷耦合在一起作用后，极限弯矩进一步减小了。

5.4 本章小结

本章以江海直达船舱段模型为研究对象，结合不同的装载航行工况对其进行复合载荷作用下的极限强度计算研究，并对计算结果进行对比分析，以及极限强度衡准研究，得到以下结论。

(1) 相对于传统的纯弯极限强度计算，不同工况下的船体极限强度有显著的差异。

(2) 局部载荷对于极限强度的影响具有两面性，即在有的工况下，局部载荷会增大船体结构的极限弯矩，而在另一些工况下，局部载荷会减小船体结构的极限弯矩。

(3) 扭矩会减小船体结构的极限弯矩，但当扭矩与局部载荷耦合作用于船体结构时，其极限弯矩并不一定比纯弯极限弯矩小。

(4) 不同的工况下，船体结构的极限强度储备系数是不同的，仅对纯弯极限强度的计算结果进行衡准无法准确评估船体结构的强度储备。

综上所述，在对船体结构进行极限强度计算时，有必要结合不同的装载航行工况分别进行计算，并计算其对应的极限强度储备系数，从而准确地评估其强度储备，为结构合理化设计和优化提供参考。

参 考 文 献

[1] Smith C S. Influence of local compressive failure on ultimate longitudinal strength of a ship's hull//Proceedings of 1st International Symposium on Practical Design of Ships and Other Floating Structures, Tokyo, 1977: 73-79.

[2] Nishihara S. Ultimate longitudinal strength of midship cross section. Naval Architecture and Ocean Engineering, 1984, 22: 200-214.

[3] 贺双元. 船体梁总纵极限强度分析. 武汉: 武汉理工大学, 2005.

[4] Kim K, Yoob C H. Ultimate strengths of steel rectangular box beams subjected to combined action of bending and torsion. Engineering Structures, 2008, 30: 1677-1687.

[5] Sun H H, Soares C G. An experimental study of ultimate torsional strength of ship-type hull girder with a large deck opending. Marine Structures, 2003, 16: 51-67.

[6] 师桂杰, 王德禹. 集装箱船弯扭极限强度的相似模型分析. 上海交通大学学报, 2010, (6): 782-786.

[7] Caldwell J B. Ultimate longitudinal strength. Trans Rina, 1965, 107: 411-430.

[8] Faulkner D. A review of effective plating for use in the analysis of stiffened plating: In bending and compression. Journal of Ship Research, 1975, 19: 1-17.

[9] Mansour A E, Yang J M, Thayamballi A. An experimental investigation of ship hull ultimate strength. SNAME Transactions, 1990, 98: 411-439.

[10] Paik J K, Mansour A E. A simple formulation for predicting the ultimate strength of ships. Journal of Marine Science and Techology, 1995, 1: 52-62.

[11] Ueda Y, Rashed S M H. An ultimate transverse strength analysis of ship structure. Journal of Society of Naval Architects of Japan, 1975, 13: 87-104.

[12] Bai Y, Pedersen P T. SANDY-A structural analysis program for static and dynamic response nonlinear system. Lyngby: Technical University of Denmark, 1991.

[13] Paik J K. Advanced idealized structural units considering the excessive tension-deformation effects. Journal of the Society of Naval Architects of Korea, 1993, 30(3): 100-115.

[14] Park J K, Pedersen P T. Modeling of the internal mechanics in ship collisions. Ocean Engineering, 1996, 23(2): 107-142.

[15] Fujikubo M, Yanagihara D, Setoyama Y, et al. ISUM approach for collapse analysis of double-bottom structures in ship. International Journal of Offshore and Polar Engineering, 2003, 13(3): 224-231.

[16] Kaeding P. Development of ISUM plate element with consideration of lateral pressure effects and its application to stiffened plates of ships//Luebeck-Travemunde, Berlin, 2004: 148-155.

[17] Fujikubo M. Ultimate strength analysis of stiffened panels subjected to biaxial thrust using JTP and JBP methods. Japan Society of Naval Architects and Ocean Engineers, 2005, 1: 1-10.

[18] Hughes O F, Ma M. Inelastic analysis of panel collapse by stiffener buckling. Computers and Structures, 1996, 61(1): 107-117.

[19] Dow R S, Hugill R C, Clarke J D, et al. Evaluation of ultimate ship hull strength//Proceedings of the 10th SNAME Extreme Loads Response Symposium, Arlington, 1981:166-173.

[20] Gordo J M, Guedes S C, Faulkner D. Approximate assessment of the ultimate longitudinal strength of the hull girder. Journal of Ship Research, 1996, 40: 40-49.

[21] Yao T. Plastic collapse behavior and strength of stiffened plate under thrust//Proceeding of International Offshore and Polar Engineering Conference, Honolulu, 1997: 207-273.

[22] 何福志, 万正权. 船体结构总纵极限强度的简化逐步破坏分析. 船舶力学, 2001, 5: 21-35.

[23] 胡毓仁, 孙久龙. 船体结构中受压矩形板计及残余应力影响的平均应力-平均应变曲线. 上海交通大学学报, 2000, 34(1): 99-103.

[24] 张剑波, 曾常科, 肖熙. 半潜式平台的极限强度分析研究. 中国海洋平台, 2005, 20(3): 19-22.

[25] Pei Z Y, Chen J Q. Research on ultimate strength of SWATH under combined loads// Proceedings of the 26th International Ocean and Polar Engineering Conference, Sapporo, 2016: 1-5.

[26] Chen Y K, Kutt L M, Piaszezyk C M, et al. Ultimate strength of ship structures. SNAME Transactions, 1983: 149-168.

[27] Valsgard S, Steen E. Ultimate hull girder strength margins in present class requirements. Aging Medicine, 1991: 1-19.

[28] Hansen A M. Strength of midship section. Marine Structures, 1996, 9: 471-494.

[29] Yao T, Sumi Y, Takemoto H, et al. Analysis of the accident the Mv Nakhodka part II: Estimation of structural strength. Journal of Marine Science and Technology, 1998, 7: 181-193.

[30] Boote D, Fogari M. Stress distribution at collapse for fast monohull vessels//The 6th International Conference on Fast SeaTransportation, Southampton, 2001: 153-161.

[31] 贺双元, 吴卫国, 陆浩华. 运用 MARC 进行箱梁的极限强度分析. 武汉理工大学学报(交通科学与工程版), 2006, (5): 889-891.

[32] 刘维勤. 高速三体船极限强度研究. 武汉: 武汉理工大学, 2011.

[33] Wu W G, Liu W Q, Xu S X, et al. Ultimate strength test study of high speed trimaran//The 3rd International Conference on Marine Structures, Hamgura, 2011: 220-224.

[34] Liu W Q, Wu W G. Study on longitudinal ultimate strength analysis method for high speed trimaran//The 21st International Offshore(Ocean) and Polar Engineering Conference, Honolulu, 2011: 910-914.

[35] 张水林. 波浪中船体梁逐次崩溃行为研究. 武汉: 武汉理工大学, 2017.

[36] 程瑞琪, 朱思宇, 邓卉, 等. 极限强度模型试验非线性相似方法研究. 武汉理工大学学报(交通科学与工程版), 2020, 44(1): 195-200.

[37] 冯欣润, 裴志勇, 叶帆, 等. 小水线面双体船弯扭极限强度试验研究. 武汉理工大学学报(交通科学与工程版), 2018, (3): 5.

[38] 刘斌. 小水线面双体船极限强度研究. 武汉: 武汉理工大学, 2009.

[39] Liu B, Wu W G, Huang Y L, et al. Ultimate strength test study of SWATH ships//Proceedings of

the Nineteenth International Offshore and Polar Engineering Conference, Osaka, 2009: 21-26.

[40] Liu B, Wu W G. Study on ultimate strength analysis method for swath ships//Proceedings of International Conference on Ocean, Offshore and Arctic Engineering, Honolulu, 2009: 545-550.

[41] 顾懋祥. 中国船舶科学研究中心(CSSRC)四年来在船舶数值水动力学方面的进展. 水动力学研究与进展, 1984, (1): 4-17.

[42] 陈铁云, 朱正宏, 吴水云. 塑性节点法的研究及其在薄壳结构中的应用. 计算力学学报, 1991, 8(3): 241-248.

[43] Guo G H, Gan J, Wu W G, et al. Study on wave load prediction and fatigue damage analysis of river-sea-going//The 37th International Conference on Ocean, Offshore and Arctic Engineering, Madrid, 2018: 1-9.

[44] Yuan T, Kong X, Wu W. Non-linear similarity design method on ultimate strength experiment of hull girder//The 27th International Ocean and Polar Engineering Conference, San Francisco, 2017: 309.

[45] 柴俊凯. 江海直达船极限强度研究及结构优化. 武汉: 武汉理工大学, 2012.

[46] 刘志会. 大型散货船极限强度分析. 武汉: 武汉理工大学, 2006.

[47] Qing Q L, Brian U, Howard D W, et al. Local buckling of steel plates in double skin composite panels under biaxial compression and shear. Journal of Structural Engineering, 2004, 130(3): 443-451.

[48] Bergan P G. Solution algorithms for nonlinear structural problems. Computers and Structures, 1980, 12(4): 497-509.

[49] Batoz J L, Dhatt G. Incremental displacement algorithms for nonlinear problems. International Journal for Numerical Methods in Engineering, 1979, 14(8): 1262-1267.

[50] Riks E. An incremental approach to the solution of snapping and buckling problems. International Journal of Solids and Structures, 1979, (5): 529-552.

[51] Tan V V. 江海直达船弯扭极限强度分析与结构优化设计. 武汉: 武汉理工大学, 2015.

[52] 徐涛. 船体结构波浪中崩溃特性研究. 武汉: 武汉理工大学, 2019.

[53] Pei Z Y, Xu T, Wu W G. Progressive collapse test of ship structures in waves. Polish Maritime Research, 2018, 25(3): 91-98.

[54] Pei Z Y, Feng X R, Yang P, et al. Collapse test of SWATH under transverse load//Proceedings of the 27th International Ocean and Polar Engineering Conference, San Francisco, 2017: 23-27.

[55] 傅何琪. 江海直达运输船极限强度研究. 武汉: 武汉理工大学, 2013.

[56] 袁天. 轴向受压加筋板极限强度非线性相似准则与试验研究. 武汉: 武汉理工大学, 2019.

[57] 吴皓晨. 基于能量原理的极限强度相似预报. 武汉: 武汉理工大学, 2012.

[58] 周凡. 船体极限强度试验相似模型设计研究. 武汉: 武汉理工大学, 2014.

[59] 程瑞琪. 船体结构扭转非线性相似方法研究. 武汉: 武汉理工大学, 2019.

[60] Pei Z Y, Cheng R, Zhu Z, et al. Experimental research on ultimate strength of flat-type river-sea-going container with large deck opening//The 31st Asian-Pacific Technical Exchange and Advisory Meeting on Marine Structures, Osaka, 2017: 266-276.

[61] Pei Z Y, Cheng R, Zhu S, et al. Research on nonlinear similarity method for hull structure collapse test//The 32nd Asian-Pacific Technical Exchange and Advisory Meeting on Marine

Structures, Wuhan, 2018: 18-22.

[62] 朱志辉. 极限强度模型试验非线性相似准则研究. 武汉: 武汉理工大学, 2017.

[63] 朱思宇. 弯扭组合载荷下宽扁型江海直达船体结构崩溃行为研究. 武汉: 武汉理工大学, 2019.

[64] 李旭坤. 基于极限承载能力的江海直达船结构轻量化设计研究. 武汉: 武汉理工大学, 2016.

[65] 吴卫国, 袁天, 孔祥韶. 船舶甲板结构稳定性实验与数值仿真研究. 船舶力学, 2017(z1): 472-479.

[66] 周红昌, 孔祥韶, 吴卫国, 等. 单轴压缩下多开口甲板板架稳定性试验及数值仿真. 船舶工程, 2019, 41(3): 43-48.

[67] 郭晓. 基于极限承载能力的江海直达船中剖面结构优化研究. 武汉: 武汉理工大学, 2014.

[68] 江斌. 复合载荷作用下船体极限强度计算研究. 武汉: 武汉理工大学, 2014.